THE FIRST 90 DAYS IN GOVERNMENT

成败90天

——新任公共部门领导的关键成功策略

〔美〕彼得·H.戴利
〔加〕迈克尔·沃特金斯　著
〔美〕凯特·雷维斯

谢葵　张如帆　李特朗　译

商务印书馆
2009年·北京

Peter H. Daly and Michael Watkins with Cate Reavis
THE FIRST 90 DAYS IN GOVERNMENT
Critical Success Strategies for New Public Managers at All Levels
Original work copyright © Harvard Business School Publishing Corporation
Published by arrangement with Harvard Business School Press.

图书在版编目(CIP)数据

成败90天——新任公共部门领导的关键成功策略/〔美〕戴利，〔加〕沃特金斯，〔美〕雷维斯著；谢葵，张如帆，李特朗译.
—北京：商务印书馆，2009
ISBN 978-7-100-06496-5

Ⅰ.成… Ⅱ.①戴…②沃…③雷…④谢…⑤张…⑥李… Ⅲ.领导学 Ⅳ.C933

中国版本图书馆 CIP 数据核字(2009)第 004083 号

所有权利保留。

未经许可，不得以任何方式使用。

成 败 90 天
——新任公共部门领导的关键成功策略
〔美〕彼得·H.戴利
〔加〕迈克尔·沃特金斯　著
〔美〕凯特·雷维斯
谢葵　张如帆　李特朗　译

商 务 印 书 馆 出 版
(北京王府井大街36号　邮政编码 100710)
商 务 印 书 馆 发 行
北京瑞古冠中印刷厂印刷
ISBN 978-7-100-06496-5

2009年11月第1版　　　开本 700×1000　1/16
2009年11月北京第1次印刷　印张 15½
定价：34.00元

商务印书馆—哈佛商学院出版公司经管图书
翻译出版咨询委员会

（以姓氏笔画为序）

方晓光　盖洛普（中国）咨询有限公司副董事长
王建铆　中欧国际工商学院案例研究中心主任
卢昌崇　东北财经大学工商管理学院院长
刘持金　泛太平洋管理研究中心董事长
李维安　南开大学商学院院长
陈国青　清华大学经管学院常务副院长
陈欣章　哈佛商学院出版公司国际部总经理
陈　儒　中银国际基金管理公司执行总裁
忻　榕　哈佛《商业评论》首任主编、总策划
赵曙明　南京大学商学院院长
涂　平　北京大学光华管理学院副院长
徐二明　中国人民大学商学院院长
徐子健　对外经济贸易大学副校长
David Goehring　哈佛商学院出版社社长

致中国读者

　　哈佛商学院经管图书简体中文版的出版使我十分高兴。2003年冬天，中国出版界朋友的到访，给我留下十分深刻的印象。当时，我们谈了许多，我向他们全面介绍了哈佛商学院和哈佛商学院出版公司，也安排他们去了我们的课堂。从与他们的交谈中，我了解到中国出版集团旗下的商务印书馆，是一个历史悠久、使命感很强的出版机构。后来，我从我的母亲那里了解到更多的情况。她告诉我，商务印书馆很有名，她在中学、大学里念过的书，大多都是由商务印书馆出版的。联想到与中国出版界朋友们的交流，我对商务印书馆产生了由衷的敬意，并为后来我们达成合作协议、成为战略合作伙伴而深感自豪。

　　哈佛商学院是一所具有高度使命感的商学院，以培养杰出商界领袖为宗旨。作为哈佛商学院的四大部门之一，哈佛商学院出版公司延续着哈佛商学院的使命，致力于改善管理实践。迄今，我们已出版了大量具有突破性管理理念的图书，我们的许多作者都是世界著名的职业经理人和学者，这些图书在美国乃至全球都已产生了重大影响。我相信这些优秀的管理图书，通过商务印书馆的翻译出版，也会服务于中国的职业经理人和中国的管理实践。

20多年前,我结束了学生生涯,离开哈佛商学院的校园走向社会。哈佛商学院的出版物给了我很多知识和力量,对我的职业生涯产生过许多重要影响。我希望中国的读者也喜欢这些图书,并将从中获取的知识运用于自己的职业发展和管理实践。过去哈佛商学院的出版物曾给了我许多帮助,今天,作为哈佛商学院出版公司的首席执行官,我有一种更强烈的使命感,即出版更多更好的读物,以服务于包括中国读者在内的职业经理人。

在这么短的时间内,翻译出版这一系列图书,不是一件容易的事情。我对所有参与这项翻译出版工作的商务印书馆的工作人员,以及我们的译者,表示诚挚的谢意。没有他们的努力,这一切都是不可能的。

哈佛商学院出版公司总裁兼首席执行官

万季美

前言 ………………………………………………… i

致谢 ………………………………………………… v

引言　加快工作进程 ……………………………… i

为什么过渡期非常关键。新领导如何进行有效的领导。在政府部门成功过渡的基本原则。过渡期路线图。

第一章　明确期望 ………………………………… 1

明确期望的必要性。和新上司建立有效的工作关系。五个方面谈话的框架。明确如何进行合作。

第二章　将策略与形势相匹配 …………………… 21

"万能药"策略的危险性。判断形势以制定正确的策略。过渡期类型的 ST_ARS 模型。利用这一模型来分析责任,奖励成功,培养领导者。

第三章　加快了解情况的步伐 …………………… 41

把了解情况作为一种投资的过程。为了解情况制订计划。明确最佳的可以从中获得见解的渠道。使用系统的方法加速了解情况。

第四章　取得初期成效 65

明确长期工作重点。建立个人信誉。确定可以获得初期成效的方面。着手提高组织的绩效。规划并实施变革与集体了解情况。

第五章　建立团队 83

接管一个团队并且改变它。处理短期目标和长期目标的冲突。工作团队的重组和组织结构问题并行。建立新的团队流程。

第六章　创建同盟 109

"权力万能"思维的陷阱。确定关键的支持者。了解有关影响力网络和服从规律方面的信息。对有关兴趣和选择的观点进行改变。

第七章　实现力量的协同 131

领导者作为组织建筑师的角色。明确低绩效的根本原因。对战略、体制、系统、技能和文化进行协同。

第八章　避免可预见的意外 ·················· 155

真正的意外和可预见的意外之间的区别。组织内能导致可预见的意外的各类失误。防止出现可预见的意外。

第九章　自我管理 ····························· 173

领导者如何陷入恶性循环中。自我效能的四大支柱。制定行为准则并执行。建立建议—咨询网络。

结语　使每个人都快速度过过渡期 ·············· 195

从组织整体的角度看待快速度过过渡期的方式。既见树木，又见森林。努力加速你自己和组织里每个人的过渡期。

注释 ··· 205

作者介绍 ····································· 213

译后记 ······································· 215

前　　言

我们真正开始撰写本书是在20世纪90年代初,当时彼得正在联邦政府机构引领一场高层管理职位的变革,而迈克尔则只是哈佛大学肯尼迪政府学院一名年轻的助理教授,主要研究公共部门和非公共部门组织的变革——彼得是其中一个组织的领导。研究结束之后,我们仍然保持接触并成为了好朋友,同时继续讨论公共部门的领导者所面临的挑战。甚至在迈克尔调到哈佛商学院,重点研究非公共部门领导的过渡问题之后,我们的讨论仍在继续。这本书就是那些富有成效的讨论的成果。

在彼得33年政府部门的职业生涯中,有一半以上的时间都是以高级主管的身份出现的,因此他也面试过许多监督和管理职位的求职者。面试中,彼得先让候选人假设他当时已经被录取了,然后接着问:"上任后,你将做什么?"答案不尽相同,这并不令人吃惊。那些清晰地考虑过为什么要应聘这个职位以及得到这个职位后该怎样做的人,回答得很有条理。而有些人则回答得毫无头绪,他们会无意识地开玩笑说:"头两个月我什么都不打算做。"更多的回答是处于这两者之间,他们的回答很坦诚,也很迷茫,甚至那些有着良好职业背景但对应聘的领导职位缺乏系统思考的应聘者也是如此。尤其是对那些在职场中第一次进入政府工

前言

作的人——他们原来可能在工商领域或者非营利部门工作——来说,他们还没有清楚地意识到公共部门和非公共部门这两大管理领域的差别,所以更加不知所措。因此,当我们开始讨论撰写本书时,彼得认为这是帮助公共部门未来的管理者更好地适应他们职位的好机会。

本书的目的是给读者提供一个框架,以便他们能更好地理解并成功应对在政府中的领导职位上工作的最初几个月所面临的挑战。读者为什么需要这个框架呢?因为过渡期非常关键,这期间你行为上的任何细小差异都将对你将来的成功产生重大影响。无论级别高低,政府部门中的领导者在最初开始工作的几个月中最容易遭到来自各方面的攻击,因为他们对自己所面对的挑战缺乏详细的了解,也不知道如何应对。如果在过渡期未能建立发展势头,那么你的任期可以说是一场艰难的战斗。另一方面,成功建立信誉并获得一些初步成效将为今后的成功奠定基础。

如果你正在阅读本书,你可能正处于向政府中新的领导职位过渡的过程中,你也可能是个新人,或者你渴望在将来成为一位领导者。无论如何,本书都将为你更快、更好地获得成功提供一些策略和方法。你将学会如何判断你所处的形势并准确认识机遇和挑战;你将学会评估你的优势和劣势,找出你在新职位上最大的弱点;你将学会了解新组织并快速确立工作重点。你也将学会如何判断和协调新组织的战略、结构、系统、技能以及文化;更重要的是,你还将获得有关如何通过建立团队、创建同盟以及召集一批顾问组成的支持性团队来管理关键关系的有力建议。将本书作为你制订过渡期计划的导航图吧。如果你这样做,你将比你想象中成长得更快,并且帮助别人也快速成长。

本书利用了迈克尔的畅销书《最初的90天——各级新领导成功的关键策略》(*The First 90 Days: Critical Success Strategies for New Leaders at All Levels*)——这是一本有关过渡期的指导书——中的研究和结论。但

前言

是,公共部门和非公共部门管理的差别太大了,因此仅仅将观点照搬照抄过来是不可能的。本书中的论点、分析以及建议的策略主要是基于对一群杰出的公共部门负责人进行的直接研究,他们非常合作,参与了大量由凯特主持的访谈;而彼得则根据自己几十年身居公共部门领导职位的直接经验对这些访谈作出解释。

致　　谢

很多人对本书作出了贡献。首先要感谢那些在我们的访谈中与我们分享见解的领导者们：莫莉·安德森（Mollie Anderson）、戴维·布莱（David Bley）、阿莱莎·布朗（Aletha Brown）、卡桑德拉·钱德勒（Cassandra Chandle）、查克·克拉克（Chuck Clarke）、桑比·科尔曼（Sandy Coleman）、劳埃德·道格拉斯（Lloyd Douglas）、迪克·格雷格（Dick Gregg）、理查德·哈登斯（Richard Hardos）、罗伯特·基根（Robert Keegan）、戴维·莱布里克（David Lebryk）、桑比·麦卡杜弗（Sandy MacAdoff）、玛丽·塞莱克（Mary Selecky）、蒂姆·维戈茨基（Tim Vigotsky）、拉里·费利克斯（Larry Felix）、黛安娜·盖尔（Diana Gale）、珍妮特·怀特（Janet White）、朱迪·布罗克特（Judy Brockert）、戴维·斯卡隆（David Skalon）、理查德·奥康纳（Richard O'Connor）和吉尔·维尔布肯（Jill Vierbuchen）。他们关于自己如何应对在领导岗位上面临的各种挑战的阐述引人入胜且有启发意义，同时也证明了当今政府部门领导者的能力和奉献精神。

来自彼得：给予本书极大鼓励并对本书有极大贡献的人是我的家人，他们是卡拉（Carla）、吉尔（Jill）以及玛格丽特（Margaret），我爱他们并且感谢他们。其次，我要感谢那些曾与我在政府部门共事的

致谢

杰出的专家们,我从他们身上学到了很多。令人遗憾的是,如果要将他们一一列出的话,人数是相当庞大的,而我不敢保证无意之间不会有遗漏,因此当你们阅读到这里的时候,我想你们应该会感受到我的谢意——与你们的友谊是我职业生涯中最宝贵的资源。然后,我要心怀悲痛地感谢我已故的导师吉姆·康伦(Jim Conlon),他在我职业生涯的许多重要时刻都给了我珍贵的鼓励和建议,并且为我公正地处理人际关系设置了很高的目标。我希望当他得知我担任了他曾经担任的领导职位时,会为我感到骄傲。最后,我还要感谢迈克尔·沃特金斯(Michael Watkins)和凯特·雷维斯(Cate Reavis)。我和迈克尔是老朋友了,他邀请我一起完成本书。他的能力和洞察力一直令人赞叹,他的友善和理解让我深受感激。凯特对公共部门优秀的高层管理人员(他们对我们的研究作出了贡献)进行了访谈,她的工作给我和迈克尔提供了关于当今政府部门的无价见解。而且,她在编辑方面的建议和富有挑战性的问题无数次将我从困境中解救出来。

来自迈克尔:对于我来说,写作本书的最主要原因在于我在成长过程中对我在公共组织中工作的父亲威廉·沃特金斯(William Watkins)的喜怒哀乐观察的经历。我一直对他的智慧和爱心心存感激。同时,我也为我于1991至1996年间能在肯尼迪政府学院工作深感欣慰。在那里,我通过很多富有才华的人对公共部门有了了解,尤其是格雷厄姆·艾利森(Graham Alison)、梅里尔·格林德尔(Merilee Grindle)、罗恩·海费茨(Ron Heifetz)、琳达·卡邦利安(Linda Kaboolian)、史蒂夫·克尔曼(Steve Kelman)、马蒂·林斯基(Marty Linsky)、布赖恩·曼德尔(Brian Mandell)、马克·穆尔(Mark Moore)、约翰·托马斯(John Thomas)、米克·特雷纳(Mick Trainor),以及肯尼迪政府学院高管项目的同人。我也是在这一过

致谢

程中遇到彼得·戴利(Peter Daly)的。认识彼得以及能够从他为公共利益服务的丰富经历中受益使我感到非常欣慰。我也由衷地感谢凯特,感谢她为本书的完成所付出的努力。另外,我从对肯尼迪政府学院负责的国家安全项目(包括军用的和民用的)的参与人员的访谈中也受益匪浅。最后,我还要感谢在完成本书的写作过程中一直给予我支持的妻子肖娜(Shawna)和孩子们——艾丹(Aidan)、梅芙(Maeve)以及尼尔(Niall)。

引言　加快工作进程

尽管很努力,然而最终却没有得到想要的领导职位是很痛苦的;而努力并成功了又可能令人感到恐惧。这是为什么呢?因为接受一个新职位意味着放弃了你所熟悉的所有工作领域,同时开始一段比较艰辛的个人发展历程。这也意味着,从一个你了解它的政治并已形成主要同盟的职位,转换到一个所有这些关系都需要重建的职位。这意味着要为你自己,也为他人重新定义你在组织中的角色。对那些我们曾采访过的领导者们来说,升迁自然是令人高兴的事情,但出于我们都能理解的原因,升迁也会造成很大程度的焦虑不安,尤其是在他们就任新职位后最关键的头几个月内。

如果你正在阅读本书,你很可能最近被提拔到政府部门某个领导职位,或者你希望得到某个领导职位并且正在考虑需要在哪些领域得到发展。无论是哪种情况,新角色都会让你晋升到一个新的职位,你原来的同事则成为了你的下属。或者,这可能意味着从一个专家型的职位转换到一个同时掌管几个职能部门的一般管理者的职位。晋升通常意味着离开一个机构,到另一个机构工作,你需要适应一种全新的文化,获得新的知识,并且建立起新的关系,从而使工作顺利开展。尤其是在高管这一级别,你可能会遇到选举后的监管人的变化,这就要求你与许多新的

引言

由政党指定的出任者建立起工作关系,并且提出不同的政策行动计划。因此,在你感受到获得新职位的兴奋的同时,你会对你即将面临的挑战感到不安。

你并不是唯一有这种感觉的人。每年仅在美国就大约有 25 万多名公共部门的管理者转换到新的职位,通常是升迁。[1]还有一些人则在公共部门的营利或非营利机构开始了自己的职业生涯。不论如何,这些管理者都面临着去学习的新要求,都要与上司、同事以及关键的利益相关者建立关系,为新组织制定新的愿景并实施这个愿景,以及评估他们自己和其他人的工作绩效。

应对过渡期的挑战

过渡期充满机会,但是也危机四伏。政府中每一位领导者成功过渡的背后,都有无数位极具才华的领导者在前进道路上跟跄而行,既毁了他们自己的职业生涯,又给他们负责的组织带来了伤害。你阅读本书是因为你不希望自己成为他们其中的一员。

为什么过渡期如此重要呢?原因之一是,选择你担任这一职位的那些人之所以这样做是因为他们希望你能为组织增加价值——你越快使他们见到成果,对你和组织就越好。另一个原因是,你的新组织将会观察和期待你开展新的工作。新团队中的关键成员也将从你身上了解到有关他们自己所作贡献的紧迫性和重要性。

如果一开始就发展缓慢、呈现出无组织状态,或者陷入了某个典型的领导力陷阱,那么这将严重损害你获得成功的能力。如果犯了错误,那将使你觉得自己好像是在往山坡上推一个大石头,十分吃力,这很可能使你在业绩方面不能达到自己以及机构对你的预期。

失败使个人和社会都要付出代价。在某些情况下,掉入过渡期陷阱

加快工作进程

的新领导会被解雇。而更为常见的情况是,他们发现自己会被打入政府机构的冷宫。与企业不同,政府项目通常会有更高程度的公共形象、更多的利益相关者以及更广的影响范围,因此政府的绩效低下不仅仅是以金钱来衡量,还要以公众尴尬、政策受挫,有时甚至是生命来衡量。

你怎样才能避开这些陷阱呢?只有通过迅速适应并成功应对你所面临的挑战和攻击来避开。让我们来重温一下在苏门答腊(Sumatra)的丛林中两位徒步旅行者遇到老虎的故事吧。[2] 其中一个人对另一个人说:"逃跑是无济于事的,因为老虎比我们跑得快。"另一个回答说:"我不这么认为。问题的关键不是老虎是否比我们跑得快,而是我是否比你跑得快。"

虽然政府组织中的状况并没有这两位徒步旅行者所面临的状况那样凶险,但新领导至少可以从这则寓言中总结出两条重要的经验。第一条经验就是,当你发现自己处于一种新的、不熟悉的环境中时,迅速了解你所面对的危险和机遇,并相应调整自己的战略是非常重要的。通过对政府机构中新领导的观察以及与他们一起讨论他们进入新角色之后的经历(有好的也有不好的),我们发现失败很少是由个人缺陷所造成的——毕竟,大多数的领导者都极具才华,并且在此之前也取得了很大的成就。失败通常也不是由于陷入了一种非赢状况(no-win situation)——在这一状况中成功是不切实际的。大多数失败都是由形势与个人的不匹配造成的,形势提出了挑战和机遇,而个人有自己的优势和劣势。

第二个经验就是,知道提出哪些问题是合适的,是成功与失败的分水岭。公共部门的新管理者将面临特别的挑战——资源缺乏、对服务的要求提高,以及有争议的政治环境——这要求他们向自己提出关键的问题:哪些是期待我完成的任务?我需要学习什么?我怎样才能获得对影响我成功的事件的影响力?我怎样设计策略?我怎样才能管理好自己的生活,并且平衡我将面对的新压力?如果你不能提出并回答这些问

引言

题,那么你的失败也就不足为奇了。

在公共部门的过渡

尽管对公共部门的领导能力问题已经进行了很多研究,却鲜有提及一个任何公共部门的新管理者都要面对的迫切问题——加速自身的转变,尽快融入这个富有挑战性的新角色。大多数这方面的阐述都是关于企业管理人员的,因此这些成功的策略也是在企业环境和公司文化中形成的。

本书是专门为政府部门的职业管理者而撰写的(但由政党指定的出任者甚至立法者也会发现书中的内容很有用)。本书是基于这样一个理念,虽然公共部门和非公共部门有很多相似之处,但二者在如何界定、衡量以及奖惩成功和失败这样的核心问题上存在很多根本性的区别。

是什么使得公共部门的过渡期如此与众不同?利通工业(Litton Industries)公司的前董事会主席兼首席执行官、美国行政管理和预算局(The Office of Management and Budget)的前任董事罗伊·阿什(Roy Ash)曾经发现,政府和企业界的领导问题只在最不重要的方面存在相似之处。他认为,从企业进入政府部门,就好像是从职业运动的低级别联赛进入到高级别联赛。[3]

阿什的观察很有道理。所有的运动都有许多有关其规则的书籍,而有关公共部门的领导问题的书会更多,并且这些书与这个领域正在发生的事情的相关度并不像非公共部门那样清晰。所有的运动都会有观众,而政府行为的观察者往往比观察和解释企业之间在市场中竞争的那些人更爱争论。最后,给政府绩效"打分"要比给企业打分难得多。结果通常模棱两可,并且要花很长时间才能显现出来;人们总得去猜测结果是输还是赢。

公共部门和非公共部门显著的不同缘于它们对成功的定义。曾经

加快工作进程

有一位为本书接受采访的负责人指出了公共部门管理者面临的独特挑战,他说:"没有董事会给你指明行动的方向。如果你想成功,你必须自力更生,因为没有人为你规划。"

公共部门的领导者尤其会面临以下挑战:
➢ 任务、目标以及绩效考核通常是由超出负责人或者他的上司控制范围的严格的法律法规所确定的。
➢ 绩效高度透明,并且接受不断变化的、无耐性的公众监督。
➢ 影响组织绩效的利益相关者不仅在数量上要比企业多得多,而且他们所带来的利益关系也更加多样化,竞争性也更强。
➢ 长期以来不透明的、远程的、烦琐的官僚体制往往妨碍了对关键资源的直接利用。

因此,对于政府部门新任命的管理者来说,过渡期之所以令人胆怯主要是因为对独立行为的限制和复杂的管理环境,这些情况在政府部门各个级别都普遍存在。有些人把这种感觉描述为被无数细绳捆绑起来的格利佛(Gulliver)。还有些人把它描述为一只手被绑在背后工作。但无论如何,如果你想成功,从你知道你将升至一个新的领导职位的那一刻起,你就必须采取一种以成就为中心的战略,而首先要做的就是了解即将面临的新挑战。

引领变革

在公共部门引领变革从本质上看要比在企业中困难得多。对动态的全球经济作出反应的非公共部门组织,和几十年前相比组织结构更加灵活。因此,在企业界由于期待出现变革,引领变革也就相对变得更直接。

相反,设计公共部门组织的初衷是为了提高稳定性和可预期性。大多数政府组织成立时的行政模式都能在19世纪晚期和20世纪早期欧

引言

洲和美国的社会改革中找到其根源。这些改革都是旨在代替政府中的君主制或者赞助制,从而使人选的确定源于专业技能,并且遵守一系列规章制度,而不是独裁者的意愿。因此,组织具有以下特点:

➢组织被一系列复杂的书面的正式关系所控制,融入这种关系必须符合一系列严格规定的资格要求。

➢组织成员都有其专门负责的任务,这些任务是由规章制度(而不是由文化准则)严格规定的,且权力分配也是在清晰的等级制度下进行的。

➢组织的监管人员是专业管理者,他们的主要职责是确保一切按规则行事,组织决策的制定是基于对组织最佳利益的理性考虑而不是个人情感。

虽然大约一个世纪以来,美国政府机构没能够很好地一贯遵守这些特点,但是这种行政模式——其核心是对稳定性的重视——仍然在公共部门占支配地位。结果是什么呢?引领公共部门组织的变革必将是一场艰巨的挑战,而企业界的变革则轻松得多。

但成功的变革并不是不可能的。其中,不乏有很多眼光超前、富有才干的领导者的例子,他们在联邦政府、州政府和地方政府各个层面上设计了管理严密、有创造性又极具成效的政府项目。这些富有启发性的例子包括:

➢在巴尔的摩(Baltimore),一个被称为 Citistat 的市长计划极大提高了政府对市民服务要求的反应速度,这些要求从批准建筑许可证到财产税问题,从饮用水和污水处理到宠物饲养许可证,等等。

➢在西雅图(Seattle),创新性的环境规划使用植物和树木来代替传统管道,引导和净化流入湖泊和小溪的排放水。

➢在联邦政府层面,美国健康与人类服务部(The Department of Health and Human Services)为重症病人获得临床试验方面的重要

加快工作进程

信息开创性地开设了在线资源。

由福特基金会(The Ford Foundation)和哈佛大学肯尼迪政府学院(Harvard's Kennedy School of Government)颁发的美国政府创新奖(The Innovations in American Government Award)的获奖项目只是许多由公共部门领导者设计的真正优秀的政府项目中的几个——这些项目旨在解决重大问题,并且高效率地给美国人民传递有形的成果。

采取系统的方法

为了应对公共部门过渡期的艰巨挑战,避开导致失败的陷阱以及实现必需的变革,必须制订周密、系统的计划。为什么必须使用结构化的程序来规划向一个新的领导职位的过渡？"优柔寡断"(paralysis by analysis)难道不是造成在政府部门引领变革如此困难的一个原因吗？不是有很多极具领袖魅力的领导者,都仅仅依靠直觉办事,而把细节留给别人吗？

答案是"极少有这样的情况"。仅依靠直觉而不是计划成功的领导者通常只能在政治和宗教运动初期或者是企业的起步阶段找到。即便是这些人,一旦他们领导其他人创建企业取得了初步成功,对企业未来的控制权就转移到那些专业管理者手里,对他们来说,周密的计划是取得长期成功的关键。在大部分政府机构复杂的工作环境下,这类领导者直接领导关键工作的情况,如果有的话也很少。

我们采访过的大多数获得了很高成就的政府管理者都曾经在组织的危机时刻担任过新的领导职位。他们有充分的证据证明,过渡期不进行周密规划风险很高,就好像是驾驶一架在狂风暴雨中迷失方向的飞机。一切可能会好转,但的确有撞到一座未知山峰的可能,仅仅依靠直觉和经验行事的后果对于你个人和你的组织来说可能是毁灭性的。

vii

引言

到达临界点

我们的目标是为你提供一幅蓝图,极大地缩短你达到新工作顶峰所需的时间。过渡期的长短变化幅度比企业要大得多,但你的目标必须是尽可能快地加快工作速度。换句话说,你必须努力尽可能快地达到临界点(breakeven point),此时,你是新组织的价值的纯贡献者。通过系统化加速过渡期节约一分钟,你就为在新职位上创造新价值赢得了一分钟。

临界点是指新领导对其所在的新组织的贡献与其从组织中消耗的资源相等的那一点。如图 I-1 所示,在最初阶段,新领导是价值的净消耗者;随着他们逐渐了解情况和采取行动,他们开始创造价值。从临界点向上,他们是组织价值的纯贡献者。加速过渡期的目的就是为了帮助新领导尽早达到临界点。

图 I-1 临界点

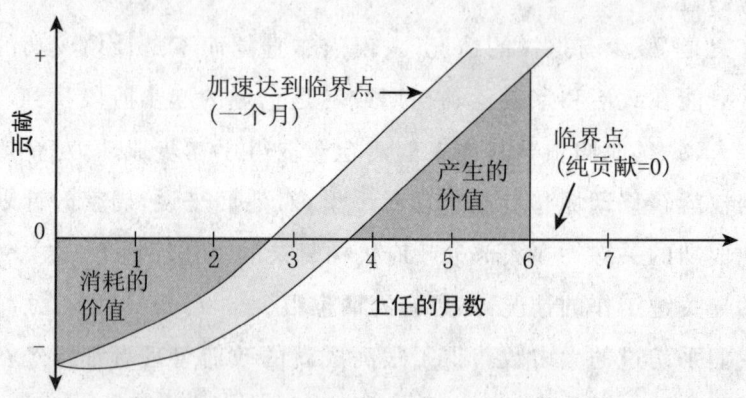

有关企业界领导过渡期的研究表明,中高层管理者达到临界点大约需要花费六个月的时间。[4] 但在政府部门中,我们发现成功过渡期的时间跨度与此有很大不同。在某些情况下,由于之前机构的绩效滑坡、政治

加快工作进程

危机、公共政策的迫切性或者高度的公共监管等原因，使得对结果的需求相对迫切些。而在另外一些情况下，对新领导来说，有更充裕的时间来学习达到临界点需要的知识。不论是哪种情况，你在开始新工作时所做的一切都将极大地影响你将来的成功。这也就是为什么接任新职位的最初几个月和过渡期计划非常重要的原因。而且，在企业和政府中衡量价值的方式也有很大的不同。

在企业中，更快更好地度过过渡期的原因是为了减少成本。新领导达到临界点并开始对组织产生积极贡献的速度越快，企业就会越早收获到它们的投资以及最初支付的薪水所产生的回报。然而，在政府中，政治困境通常比成本更为重要，在最高管理层加速过渡期的原因是要缩短可能犯错误的时间。这些错误可能被媒体曝光，让政治对手得益，破坏政府信誉或者制造公众骚乱：所有这些都将阻碍行政管理工作。但是减少成本在机构的更深层次上起着更重要的作用，在这个层次上，缩短新管理者达到新工作顶峰的时间直接影响到预算以及机构为提高效率或者财政绩效所制订的计划。

紧跟过渡期路线图

领导力最终与影响力有关。有力的领导将利用自己的一切——他们的想法、精力、关系网以及影响力——在组织中创造新的模式。领导者只是一个人，凭一个人的力量往往不能取得很大的成就。利用自我的能力又取决于对个人诚信的看法和表现出来的工作效率。最初获得的小成功能产生有巨大回馈的领导力。本书中阐述的策略的根本目标——不论这些策略是确定目标、创建同盟或者是建立团队——是为了帮助政府部门中的新领导建立起发展势头以提升他们的影响力。

引言

本书接下来的章节提供了一份路线图,使你能加速度过过渡期。这份路线图的主线是围绕过渡期的九个关键挑战展开的:

1. **明确期望**。你需要找到如何与你的上司建立有效工作关系的途径,并且还要了解他对你的期望,因为没有比这种关系更重要的关系了。你还需要了解并且考虑其他关键利益相关者的期望值。明确期望意味着要仔细规划一系列有关现状、期望、风格、资源以及你个人发展的重要谈话。

2. **将策略与形势相匹配**。虽然有某种能应用于所有过渡期的现成的准则,但并没有在过渡期获得成功的放之四海皆准的规则。相反,你需要准确判断形势,并且确定机遇与挑战。例如,着手建立一个机构或者业务单元所面临的挑战与将组织从严重的危机中解救出来所面临的挑战是不同的。对形势的清楚判断是制订行动计划的先决条件。

3. **加快了解情况的步伐**。你必须尽可能快地在新组织中了解情况。这意味着了解组织的使命、服务、技术、系统、结构以及它的文化和政治。了解一个新组织感觉就像从救火栓中饮水一样,你需要了解太多的东西。你必须有计划,把重点放在确定你需要了解的内容以及高效了解情况的方法上。

4. **取得初期成效**。你需要将期望以及你对组织的判断转变成一系列目标,即达到的结果以及需要改变的行为,而你要在第一年末时实现这些目标。同时,你还需要找到在哪里以及怎样才能取得初期成效,以建立信誉,创建发展势头,为实现长期目标打好基础。

5. **建立团队**。就像在大多数政府部门过渡期的情况一样,如果你接管一个团队,你需要对团队成员进行评估,而且也许还要重建这支团队以便更好地满足形势的要求。你发布严格命令的意愿

加快工作进程

以及将合适的人安排到正确的岗位上的能力,是你在过渡期中需要使用的最重要技能。在面对建立团队的挑战时,你既需要有条理又需要有策略。

6. **创建同盟**。你的成功取决于你影响不在你权力控制范围内的人的能力。内部和外部的支持性同盟对你成功实现目标是必不可少的。因此,你需要立即开始识别哪些人的支持对你的成功是必不可少的,并且找到将这些人团结在你周围的方法。

7. **实现力量的协同**。你在组织中职位升得越高,就越需要你扮演组织建筑师的角色。这意味着要明确组织的战略是否合理,使组织结构符合组织战略,并构建实现战略目标所必需的系统和技能库。

8. **避免可预见的意外**。新领导有一个好的开端,结果却把某件事搞砸了,使自己偏离正常轨道,这种情况很常见。虽然会发生真正的意外,但是实际上许多所谓的意外都是可预见的,也是可避免的。为了避免我们所谓的"可预见的意外",你需要弄清楚它们发生的最常见原因,并且及早采取行动来识别潜在的威胁。

9. **自我管理**。在过渡期,个人和职业都处于变动中,此时的你必须努力工作以维持平衡并且保持作出正确判断的能力。过渡期一直存在失去洞察力、变得孤立以及发出错误命令的危险。你可以采取很多措施来加快你个人的过渡期,并且更有效地控制你的工作环境。正确的建议和咨询网络是必不可少的资源。

如果你能成功应对这些关键挑战,那么你将成功度过过渡期。你在其中任何一个挑战上失败,都有可能给你带来严重的问题。后面的章节将给你提供能成功应对这些挑战的可操作的行动指南和

引言

工具。无论你在组织中处于哪个级别,也无论你面临怎样的形势,你都将从中学会如何判断你目前所处的形势并且制订出适合你需要的行动计划。

如图 I-2 中所阐释的,这些章节中间有一个连贯的逻辑性。在过渡期的早期,你最主要的目标是判断你面临的形势,以便能制定出适应形势的策略。把这些早期学会的东西作为基础,当你努力取得初期成效并建立起改进新组织的基础时,你就能界定你期望达到的目标。

图 I-2 过渡期路线图

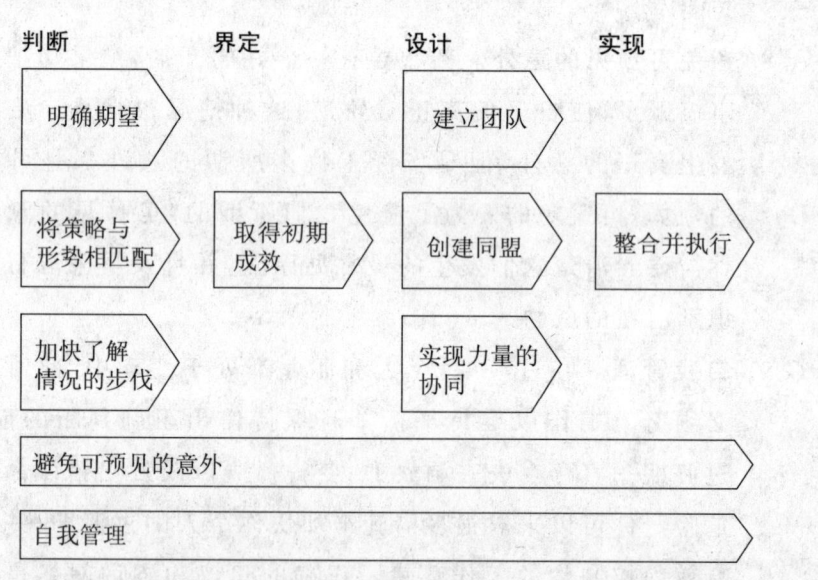

明确形势和目标反过来又使你得以思考有关团队、需要创建的同盟以及需要在组织结构中作出的变革等关键性的设计问题。当然,你随后要将这些因素整合起来,从而取得良好的成果。在整个过程中,你必须睁大眼睛,避免可预见的意外。更重要的是,你应该通过识别潜在的弱

加快工作进程

点并弥补它们来管理你自己。

这并不是说有一套固定的发展阶段,你能通过线性的方式向前发展。此外,你花费在这些活动上的时间的长短也因你所处形势的不同而有很大差异。同时,路线图将帮助你制订强大的过渡期计划。

过渡期路线图能运用于任何公共组织中。各种行政体制都是依靠一条清楚的指挥链来完成任务的,因此尽管机构负责人、项目领导以及职能部门管理者之间存在差别,然而每一级别的领导都通过一套详细设计的对责任、权力和义务进行界定的系统而与组织的最终目标直接相关联。不论你是内部员工职能部门的领导,还是一个重要的业务单元的领导,抑或是机构本身的领导,过渡期的原则都是一致的。但涉及的具体人员、事件、时间和方式,以及挑战的相对权重都有很大不同。对较高层管理者来说,安排组织结构、建立团队以及创建同盟是很重要的任务。而对层次稍低些的人来说,与新上司建立关系并建立一个支持性的建议咨询网络则是首要任务。每位新领导都需要迅速熟悉新组织,取得初期成效并且创建支持性同盟。

使每个人都快速度过过渡期

最后,阅读本书时,你可以想想你该如何帮助组织中的其他人快速度过他们的过渡期。你可以思考以下问题:你的组织在一年中有多少人将调动到新管理职位上,包括领导一个任务小组或者一个特殊项目?如果将度过过渡期的速度提高5%,你预计能增加多少价值?

如果你能使你的新下属加快工作步伐,那么你将能更大幅度地加速你自己的工作。此外,有计划地加速每个人的过渡期对组织有很大的潜在益处。让人们在过渡期彷徨会浪费时间、精力和才智。优秀的组织会利用过渡期来培养高潜质的领导才能,它们不会让最宝贵的资源沉沦。

引言

如果你能教会人们加快度过过渡期的技巧,以使他们成功的概率最大化,你也能更好地判别谁的能力最杰出。

结论

当你正准备担任新的领导职位时,请记住你的过渡期是一段充满机遇和风险的时期——一段通过谨慎的计划证明你有能力利用自己的优势避免自己的弱点的时期。在这段收益丰厚但也很危险的时期内,你必须迅速且准确地理解你新的领导任务的性质,并了解成功的关键所在以及能导致失败的潜在陷阱。一开始就掌握这些情况对你长期的职业目标来说是十分关键的,就像徒步旅行者的目标就是不要成为老虎的食物一样。

这就是本书不是又一本理论集的原因。相反,它提供了实际操作指南,使你把原理转化成适应形势的计划。你继续阅读本书时,要积极阅读。如果某一点可以运用到你所处的形势中,把它记录下来,并仔细思考如何将建议运用到你所处的形势中去。

第一章 明确期望

当凯文·科迪（Kevin Cody）被任命为一个主要联邦部门新成立的人力资源办公室的管理发展主任时，他认为自己很清楚应该做什么。这个组织最近经历了重大的重组和裁员，并且重组后的影响仍然存在。作为一个十分自主的高级培训专家，在大型部门办事处工作多年，他享有精力充沛、有主动精神、值得信赖的美名，凯文相信自己能在这种环境中也成为一名高绩效的领导。他也非常熟悉政府部门中确定管理和行政资格的政策。

被任命后一周，凯文到位于华盛顿特区的总部报到。举家搬迁之前，他将妻子和两个孩子放在几百英里以外的地方完成学业。上任的第一天他就了解到他接手的是一个处于相当不稳定状态的组织。他的新上司——人力资源主管——还有几个月才能被正式任命。在新上司上任之前，凯文向一位行政助理秘书的助手汇报工作，这是一位刚上任六个月的由政党指定的出任者。而且，凯文所在的人力资源办公室中的4个同级别职位中只有2个职位有人员到位。最后，他了解到，向他汇报工作的12个职位中，只有3个职位是由有经验的培训专业人员占据着；其他职位都是由一些在重组过程中从其他职能部门被淘汰而调动过来的人员占据着的。

第一章

因为还处于预算准备期，凯文直到第二周才见到他的临时上司。第一次面对面的交谈持续了15分钟，包括欢迎握手、询问了一两个有关凯文背景的问题以及他打算如何开展工作等内容。这种非正式的、含糊的介绍与凯文前一次任命的经历有很大的差别。过去，他的新职责以及他上司的期望从一开始就很明确地被界定了。而现在，凯文发现自己处于一种全新环境中，领导分散，对员工的能力一无所知。

凯文认识到他以前的经验未必对新形势有用，于是他的主动精神开始发挥作用了。他决定给他的临时上司准备一份备忘录，详细说明他在未来三个月准备开展的工作——评估员工、在部门高级行政人员中考察监管情况和管理培训需求，以及制订部门管理培训的计划和预算——然后打算放手工作。他想，如果对他的计划有任何异议，他愿意虚心接受。

当凯文开展工作时，他只是偶尔从行政助理秘书的助手那里得到一些反馈，并象征性地向他汇报工作。谈话简短且无关宏旨，因此他确信自己正在沿着正确的轨道前进。在第四个月开始的时候，凯文给那位助手提交了他制订的培训计划和预算，但没过多久就出现了大问题。

凯文的计划要求对该部门的培训和管理发展战略进行全面审核。他还建议管理培训资金从之前的项目负责人个人预算中扣除，而改由他直接掌控。此外，在制订计划的过程中，凯文向监督部门的代表进行咨询，并且把他们的许多建议纳入到了计划中。当他把计划分别发送给项目负责人征询他们的意见时，很快助理秘书的电话就响了起来。同样糟糕的是，那位派来监督凯文工作的助手，由于政治任务分散了他太多的注意力，而没有认真阅读凯文之前提交的备忘录，现在也像是热锅上的蚂蚁。一个职业的管理者现在陷入了始料未及的政治反应的旋涡中，凯文发现他的快速起步戛然而止了。私下里，他开始准备回到他原来的岗位上去。

像凯文一样，作为一个新任命的公共部门的领导者，你必须面对的第一个挑战就是明确别人对你的新角色应该取得的成绩的期望。为了成功应对这个挑战,你必须全力弄清楚要求你做什么,对随之而来的风险、约束条件和机会作出评价,并且积极地影响别人对你的期望。严格地说,这意味着要了解利益相关者所关注的问题,并认真判断你将进入的政治环境。

顺利通过期望的雷区

凯文与新上司之间为什么这么快就出现了如此大的麻烦呢?他的失败之处就在于没有明确期望。虽然他已经意识到他之前的经验对于他的新职位来说并不太合适,但他没有给自己留出足够的时间来了解自己所处的这个高度政治化的环境。相反,他依靠自己过去的工作经验——高度的自主感——开始独立开展工作,认为他的那些注意力分散的上司们会感到高兴。使他陷入麻烦的不是他的工作缺乏好的创意,而是他没有认识到必须——如果有必要的话强行争取——在开始大的行动计划之前尽早和上司进行关键的谈话,并且明确他们对自己的期望。

凯文选择独立执行自己的计划初衷是好的,却由于上司的政治同僚的激烈而吃惊的反应而使上司们感到不安。如果他能够花更多的时间坚持与新上司保持沟通,了解他们所面临的形势以及他们期望他采取的汇报工作的方式,虽然效率会打点折扣,但对每个相关的人来说结果可能会比现在好得多。

为了避免出现凯文那样的结局,要牢记,从你得知自己正在被考虑担任一个新职务的那一刻开始,应对期望的任务就开始了。对于一个来自外部机构的新领导,这意味着这项任务从工作面试时就开始了。必须当心!由于新领导希望留下好印象,而且新上司有时会期待出现奇迹,所以非常容易过早就树立不太切合实际的目标。因此,虽然新上司可能

第一章

想在过渡期开始的时候商讨目标,但是新领导通常对自己将要面临的形势缺乏全面充分的了解,也就不能把握什么目标是切合实际的,什么目标是不切实际的。

新领导很容易掉入想尽快取得尽可能大的成绩的陷阱。为了避免使自己也陷入这样的失败,你应该与你的上司定期进行交谈,和他就问题所在、解决途径、解决方式等达成共识。同时,你也不要认为你最初被任命的工作不会改变,或者不应该改变;你必须在工作过程中随时进行合适的调整。

判断形势

新任命的政府部门的管理者们失败的最普遍原因是,他们对于在新的领导职位上所面临的形势没有正确认识,结果低估了风险、制定了不正确的评估标准、确立了错误的目标,并且采取了不恰当的策略。因此,认清你作为一个新领导者面临的形势是设计成功的过渡期策略的关键的先决条件。

ST$_A$RS 模型是一个评估你目前所处形势的工具。ST$_A$RS 是开创局面(start-up)、扭转局面(turnaround)、重新调整(realignment)和维护成功(sustaining success)几个单词或词组首字母的组合。[1] ST$_A$RS 模型是分析过渡期四种常见的形势下可能遇到的机遇和风险的工具:

➢ **开创局面**。政府部门管理者们最不常遇到的情形。这种类型的挑战通常是由于新的危机或者重大的政策行动计划引起的,它处于高度的公众监督之下,要求快速进行组织设计和职能整合决策。因此,开创局面时风险总是很高也就不足为怪了。

➢ **扭转局面**。比开创局面常见一些的一种形势。这种情形通常是由于业绩严重受挫或者某种丑闻引起的。在高度的公众监督之下,它要求进行人员和组织结构的变动。这种形势也有着很高的风险。

- **重新调整**。这是政府部门管理者面临的典型的形势,通常由政治或公共政策调整的需要引起。它处于中等程度的公共监督之下,要求进行重大的资源削减或增加、重新评估和重新培训。它属于中度风险形势。
- **维护成功**。政府领导者面临的最常见的形势。它的特点是任务稳定、运行结构稳固,这种形势拥有扩张或者缩小的服务基地。主要挑战是对现有领域的维护和避免错误。虽然不能说不存在风险,但这确实属于一种低风险形势。

每一种形势都提出了一系列关于过渡期的明确的要求,因此也要求新领导采用不同的过渡期策略。例如,在高风险的开创局面和扭转局面的形势下,由于政治压力和公共监督,到达临界点的有效时间可能大大缩短。在中低风险的重新调整和维护成功的形势下,人们期待结果最终出现之前可能会允许你有更多的时间,但由于固有的利益关系和懈怠的情况,变革真正发生往往要更困难一些。

由于新到一个机构,而且对它的战略和政治环境缺乏全面的了解,凯文·科迪的主要错误——由于他习惯主动采取行动的偏好造成的——在于他认为自己面临的是扭转局面的形势,要求他快速采取激进的矫正行动。而事实上,他面临的是重新调整的形势,只要求在机构的整体行政策略和现行的管理发展项目之间达到更好的协调。假如他花了更多的时间分析面临的形势,并且更清楚地认识到别人对他的期望,那么他可能会控制自己凡事主动的冲动,更加谨慎地判断问题。

第一章

纵观全局

第二个常见错误是对利益相关者没有全面的认识，他们的期望会影响你接受的任务。不论你在组织中处于哪一阶层———一线管理人、职能部门经理，或者机构负责人——理解你工作的大的政治、文化和制度环境都非常重要，这样你就能更好地理解并且预测，在你所处的领导职务上，哪些领域的事情最为人所关注，并能调整你的行动计划，使它们符合并且支持这些重点领域。把握全局不仅会使你和上司的期望保持一致，而且会极大地提升你对期望发生变化进行预测并且进行相应调整的能力。

虽然你的直接上司可能是对期望和评估你的成功产生最重要影响的人，但是他不可能是唯一对你的工作感兴趣的人。政府组织几乎总是比工商企业界有更多的利益相关者。这些利益相关者的兴趣差别很大，而且互相之间往往存在竞争。

在机构高层，外部客户会造成压力，这些压力很容易使专业行政人员和他们的上司产生不和。如果你对此没有认识并且采取相应的行动，你就很容易陷入吞没凯文·科迪的政治旋涡。如果你在组织里有一定地位，也许是一线管理者或者中层经理，那么你必须明白施加在你上司身上的压力，那些施加压力的人控制着主要资源，管理着诸如人事和采购方面的各种服务系统，负责对机构的绩效进行审计和评估。认识到这些压力有助于你更好地规划行动，并且在你的上司打不可避免的官僚仗时，为他提供有力的内部支持。

在凯文的案例中，他的任务是激活机构的管理发展活动，但是他把任务看成一项独立的工作，不受更大范围的政治和经济利益的影响，而这些正是他的上司们关心的问题。他这种处理问题的方式是错误的。

此外，他漠视当时机构成员广泛讨论的更重要的预算问题，他提出的培训资金集中控制的建议的根据非常狭隘：这种方法对他最有效。假如他当时在提出建议之前能搞清楚对他的期望，那么他就能更清楚地认清制定预算时存在的政治竞争环境，以及他在此过程中有哪种影响力或者没有哪种影响力。了解了这些情况之后，他的建议就能更好地符合像政治项目负责人这样的主要利益相关者的利益，这些人可能为同样的资源正在和他竞争，以后又可能在他的新上司那里攻击他。

让你的新上司参与进来

一个多世纪以来，美国全国上下的治理政策就是在联邦、州和地方层面建立起专业的行政部门，负责执行由当选的立法机构和行政部门制定的政策和项目。这种政策诞生了许多法令和规章制度，使得行政部门避开赞助和其他不必要的政治影响。

这些限制使得政府机构员工和管理者之间的关系在许多方面和非公共部门有很大不同。然而，正如新管理者对他们的下属的绩效和抱负有很大的影响一样，他们的上司对他们也会产生影响。虽然员工保护制度限制了他们雇用、解雇和奖惩的权力，但是在每个级别，对新管理者来说，和上司商讨有关成功的事宜都是首要的要求。

通过不断的对话，你和新上司的关系得以建立。理想的状态是，在你接受新职务之前你们就开始讨论，并且一直持续到你的过渡期和过渡期以后的时期。但是在政府部门之中，过渡期开始之前你通常不能和新上司有充分的探讨。如果情况是这样，你必须积极地、有条理地和上司进行沟通，以弥补损失的时间。

策划上任后的谈话时，你必须集中考虑五个谈话内容。这些谈话的主题并不一定要分别处理，或者在某次见面时同时处理。相反，主题之

第一章

间有密切的联系,不论何时,只要合适就可以讨论。

有关形势的谈话

谈论形势的目的是为了了解新上司如何看待新组织的状态。它处于开创局面状态、扭转局面状态、重新调整状态,还是维护成功状态?组织是如何到达这一状态的?什么因素使得这种状态成为了挑战?一旦你了解了更多的情况,你的看法可能会和上司的不同,但是如果你以后要对前面的机遇和挑战与上司达成共识的话,了解上司如何看待形势非常关键。这一信息将成为你下一步行动的基础。凯文·科迪一直都没能了解他的上司如何看待他面临的形势,这个失误导致了许多严重的问题。

有关期望的谈话

有关期望的谈话安排是为了明确并且商讨你被期望完成的任务。对你的短期和中期的期望是什么?何时将以何种方式衡量你的绩效?你可能得出这样的结论:你上司的期望是不切实际的,需要进行重新调整。因此你要记住这个基本原则,尽量少说多做,而不要多说少做。同时,你必须积极影响上司对你的期望。记住,如果你不驾驭期望,期望就会驾驭你。

有关风格的谈话

有关风格的谈话指的是你和上司如何一直保持最佳互动。他喜欢的沟通方式是什么——面对面交谈、电子邮件、语音邮件,还是备忘录的形式?上司希望你多长时间汇报一次形势?他希望你和他商讨哪种类型的决策,又希望你何时自己发布命令?记住,你的上司对自己参与的决策范围有一个舒适区。把这个区域看成是一个划定你决策"盒子"的界线,你在这个盒子里进行操作。一开始,你只能指望自己被限制在一个相对小的盒子里。随着上司对你的信任加深,盒子会相应变大。如果盒子没有变大,或者盒子一直很小使你不能有效工作,那么你就应该直接提出这个问题。正是因为对这些问题没有清楚的认识,凯文才使自己陷入了麻烦之中。

有关资源的谈话

有关资源的谈话实际上就是商讨关键性资源。你需要什么资源才能获得成功?这些资源并不仅限于人力和资金(在许多政府部门,有些这类资源可能超出了上司的权力范围)。在实施变革的时候,你可能还需要得到上司和更高层管理人员的支持。在开创局面的形势下,你最迫切的需要可能是足够的资金资源、技术支持,以及有对口专业技术的人才。在扭转局面的形势下,你需要得到政治支持的权力,以作出艰难的决策并且获得难得的资金和人力资源。在重新调整的形势下,你需要一贯的公共支持,使组织去应对变革的需要。最理想的是,上司和你并肩战斗,帮助你克服大家否定变革和自满的心理。在维护成功的形势下,你需要资金和技术资源,以保持机构已经取得的关键成就。下面的"为资源进行沟通"列举了几个为资源进行沟通的建议。

为资源进行沟通

你在努力寻求别人对提供资源进行承诺的时候,要记住这些有效沟通的原则:

> ➤ 重视潜在利益。进行深入调查,了解上司和其他你向他们申请资源的人的日常工作。这对他们来说意味着什么?

第一章

> 寻找对双方都有益的资源。寻找既支持上司的日常工作又促进你自己的工作的资源。寻找既帮助同事促进工作,反过来又对你自己的工作有帮助的资源。

> 把资源和成果结合起来。如果你的部门得到了更多的资源分配,那么你就要着重突出由此而给部门绩效带来的好处。制定一个"菜单",列举出在现有资源下你可以实现什么(不能实现什么),以及增加不同数量的资源你可以多完成哪些工作。

有关个人发展的谈话

有关个人发展的谈话讨论的是你的工作任期和工作绩效如何能促进你的成长。你在哪些领域还需要加强?是否有一些你可以承担的特别的项目,在帮助你个人发展的同时又不会转移你的主要注意力?你是否可以参加一些正式的培训课程,提高你的能力?

综合考虑

在实践中,关于这些主题的谈话会和其他话题混合在一起,并随着时间而发展。你可能在一次会面的时候讨论五个主题中的几个,或者在几次短暂的会面中解决和一个主题相关的问题。然而,前面描述的谈话顺序是有逻辑的:初期应该讨论对形势的判断、期望和风格。了解了更多的情况以后,你可以就资源进行沟通,回顾你对形势的判断,对期望进行必要的调整。当你觉得关系已经得到了很好的确立时,你可以引入个人发展问题。花点时间规划对每个主题的讨论,针对你在每一次谈话中希望得到的成果,向上司发出明确的信号。

当然,在政府部门,你们讨论这些问题的方式和高级职业行政主管与政党指定的出任者之间以及中层管理人员与项目负责人之间的讨论方式不同。在更高层,有关资源和风格的讨论可能比个人发展问题更费精力。但是随着讨论沿着等级阶梯往下进行,所有这五个问题都显得非常突出。

许多政府部门的管理者很容易就能认识到凯文·科迪所面临的形势。假如他更有耐心地去对待这些谈话,那么他朝错误的方向前进的风险完全可以大大降低。

什么可以做,什么不可以做

当询问管理者他们的过渡期经历以及他们如何与新上司建立积极的关系时,出现了一些主要的相似之处。这些相似之处以"什么可以做,什么不可以做"的形式总结如下。记住下列不可以做的事情。

➢ **不要贬低过去**。批评你的前任并不能使你受益。你需要了解你上任之前发生了什么,但是重点应放在分析现在的形势上,并且实施变革以提高绩效。此外,有些责任人的职位可能仍然有权力和影响力。

➢ **不要回避**。如果你像凯文·科迪一样,上司不主动和你沟通,或者你和上司最初的沟通不愉快,那么你自己就应该主动。否则,可能形成危险的交流障碍,导致你向错误的方向前进。有很大的自由空间一开始可能会使你感觉不错,但是你必须抵制这种诱惑。跟上你上司的工作安排,保证他清楚你正面对的问题,你也应该清楚他对你的期望,以及这些期望可能发生的变化。

➢ **不要使你的上司感到意外**。告诉你的新上司坏消息不是件好玩的事情。然而,如果下属不尽早把出现的问题向上汇报,大部分上司会把这看成是更严重的问题。最糟糕的情况是,上司从其他渠道得知了问题,比如白宫或者州长官邸、立法机构、媒体,或者他的直接上司。因此,一旦发现了问题,你最好提醒上司注意。

➢ **不要带着问题去找上司**。你不能让别人把你看成是一个把问题丢

第一章

给上司去处理的人,你还应该准备好计划。这个计划不必全面描述解决问题的办法,但是在向上司汇报问题之前,你应该集思广益,找出几个解决问题的办法。

➤ **不要一一列举成绩。**你可能利用和上司会面的机会,把你认为出于这样或那样的原因很重要的成绩一一列举出来。你的上司可能并不总想听到这样的汇报;通常他会认为你很忙,只有需要帮助的时候才来找他。有时候,比如在正式的进度检查时,一一列举成绩是合适的,但是大部分情况下,你和上司见面时只需要简短地汇报你要做的事情以及上司可以怎样帮助你,这就足够了。

➤ **不要试图改变上司。**有一位成功的管理者给我们讲述了一个故事,他和上司安排在下午见面,并且立即开始汇报一件重要的事情,结果他发现上司睡着了。后来他才知道,组织里人皆尽知这位上司下午有小憩片刻的习惯,大家都避免下午和他见面。记住,你不能改变上司的风格,要学着适应他的风格。

你还要做一些应该做的事,使你和上司的相处更容易:

➤ **一定要承担起保持关系的全部责任。**这是"不要回避"的对应面。不要假定上司会主动和你沟通或者提供你需要的帮助。你最好自己主动些,找出保持关系的方法;如果上司主动与你保持关系,你可能会感到意外。

➤ **一定要尽早并且经常明确相互的期望。**避免凯文·科迪犯的基本错误,应该立即着手处理期望问题。如果上司期望你很快完成任务,而你知道完成它有很大的障碍,或者上司期望你把事情弄明白,结果从其他人那里得知你已经自己动手了,这时你会发现自己有很大的麻烦。如果你有坏消息需要汇报,你最好尽早把它摆到桌面上,努力降低不合情理的期望。这往往不是件容易的事情,因为许多上司,尤其是那些身居行政职位上的目光短浅的上司,他们不喜欢别人对自己说"不"。当你和他们讨论调整某个项目的时间安排或者项目完成的最后期限时，他们可能会怀疑你的领导技巧。然而，有时候，汇报坏消息是必要的，避免消极结果的方法是对问题报告以及解决问题的建议进行定期检查。

➢ 一定要解决判断形势和制订行动计划的时间问题。不要让自己陷入救火的境地，或者在还没有准备好的情况下被迫作出决策或采取行动。给自己争取一些时间，对形势作出判断，并且制订出合理且成功可能性很高的行动计划。

➢ 一定要把目标定在取得对上司来说很重要的初期成效上。由于政治领导人定期变化，职业政府管理者的工作重点往往也会发生很大的变化。对一届政府非常重要的事情对另一届政府来说可能是无法容忍的。因此，解决期望问题的关键因素是明确你的上司最在意什么，并且对自己的计划作出相应的调整。

➢ 一定要从意见得到上司尊重的人那里得到好评。你作为新领导的名声在一定程度上取决于上司从可信的渠道得到的信息。你必须清楚这些渠道是谁，信息在他们中间如何传播。我们并不提倡迎合他人，这肯定会造成对你人品的不信任，我们只是建议对你应该认识到的有影响力的人物作出切合实际的评价。

应对具体的挑战

随着你对所处的形势的了解增多，你会发现在和上司打交道的过程中，你要应对下面列举的一个或多个挑战。

组织的某些部分是不可触动的

如果组织中的某些部分——服务、设施、人员——属于你的新上司

第一章

的势力范围,那么你必须尽快把它们找出来。你肯定不想出现这样的情况:你敦促削减上司主持的项目的经费,或者调离上司的亲信。因此,要推断出上司对什么事情很敏感。你可以通过了解他的个人历史,和其他人进行交谈,密切注意面部表情、语调、身体语言等方式来做到这一点。如果你不能肯定,试探性地提出一个想法,然后注意观察上司的反应。

上司的期望是不切实际的

你可能发现上司的期望不切实际,或者不符合你自己对应该完成的工作所持的看法。如果情况是这样,你应该努力使自己的想法向上司的想法靠拢。比如在重新调整的形势下,上司可能会把最糟糕的问题归结于组织的某个部分,但是你认为问题出在别处。这种情况下,你需要让上司了解隐藏的问题,以调整期望。这样做的时候要小心,尤其是当上司觉得对一直以来的工作方式投入了很多,或者觉得自己应该对问题负部分责任的时候,就更是如此。

上司的期望不明确或者一直发生变化

即使你确定你知道上司的期望,你也应该定期进行确认并明确期望。有些上司知道自己想要什么,但是不知道如何表达,这样你只有在走上了错误的道路之后才能明白他们的期望。因此你得作好准备不停地提问,直到你确定自己已经明确了他们的期望。比如,用不同的方式进行提问以获得更深入的了解。精确地掌握字里行间的意思,对上司可能想得到的东西作出正确的假设。设身处地地为上司着想,明白他将如何被别人评价。想想如何使自己融入大的环境中。最重要的是,不要让主要问题一直含糊不清。对目标和期望的模棱两可是很危险的。正如一位新领导对一次冲突作出的解释,这次冲突出现在针对期望的初期谈话中:"关系不会自动走到你身边,它会走到你上司的身边。"

你有多个上司

如果你的上司不止一个，你面临的应对期望的挑战就更加严峻。虽然基本的原则一直存在，但是相对的重点会发生变化。如果你有多个上司，你必须小心保持他们所认为的成效和损失之间的平衡。如果某一位上司的权力大得多，那么你可以在初期朝他的方向偏一点，只要你以后可以在最大程度上保持平衡就行。如果和上司一对一不能达成一致，你就有必要把他们聚到一起讨论解决问题。

你的上司形同虚设

你的工作远离上司，此时，管理提出了不同的挑战。在你没有意识到的情况下就摔了跟头的风险自然也就更大了。你和上司之间的距离使你要承担责任，针对沟通制定更多的纪律，安排会议以使自己更好地保持平衡。确定清楚全面的衡量标准更重要，这样你的上司就可以对正在进行的工作有合理的了解，你也可以按例外原则进行有效管理。

在政策和任务之间存在冲突

在有些政府部门，政策和任务发生冲突的情况很常见。政府部门的现行法令或者规章制度所决定的责任可能和某个新的行政机构的政策偏好相冲突。这些冲突可能是宏观层面的一些问题，比如机构如何积极地执行布置的任务，也可能是微观层面的一些问题，比如机构特有的行动计划的管理。在这些情况下，高层领导者必须小心行事，依靠法律顾问和监管机构调和这些分歧。危险的政治立场往往伴随着高级职业行政主管的工作，但是这是一个充满风险的领域，必须进行理智对待，尤其是对新领导来说。这样，你就可以避免立即被看成是起阻挠作用的人，或者更糟糕，被看成是政治对手的同盟。

第一章

制订过渡期计划

不论你所面临的形势如何,你都要制订过渡期计划并且得到上司的认同,如果合适的话,还要得到其他主要客户的认同。通常,你上任后几星期就可以制订计划,这时,你已经开始和组织取得了联系,并且熟悉了环境。

你应该形成书面的过渡期计划,即使这个计划仅仅是一些要点。计划应该明确工作重点和目标以及重要的事件。更关键的是,你应该和上司分享你的计划并得到认同。该计划应该在你和上司之间起到合同的作用,说明你将如何使用时间,你将做什么、不做什么。

开始制订计划时,把你的过渡期看成是由四个主要的行动阶段组成的,这些阶段在引言里已经以路线图的形式进行了总结:

➤判断形势

➤界定目标

➤设计成功的基础

➤实现结果

通常你应该把第一大块时间用在判断形势上:了解并且明确期望。你这一阶段的主要成效应该是判断形势,确定工作重点,制订下一阶段的时间使用计划。在这一阶段你将和新上司进行有关形势、风格和期望的谈话。

在第二阶段——"界定目标"阶段,你应该确立并且明确长期目标:既提高绩效,又改变行为。你还应该解决从何处以怎样的方式先取得一些初期成效的问题,这些行动可以建立起你的信誉,创建发展势头。在这一阶段,你要继续和上司展开有关形势和期望的谈话,并且开始讨论资源问题。

根据你面临的形势以及你在组织中的地位的不同,在第三阶段——"设计"阶段,你可以集中确定主要的行动计划,针对实现计划所必需的资源进行商讨,也可以完善充实你对策略和机构的最初的评价,提出重组团队的计划。

最后,计划制订后,你就可以着重关注结果了,并且进行调整以适应不可避免的意外情况。

你所处的形势不同,花在每一阶段的时间长度也有很大的不同。然而,你要训练自己以这样的方式制订计划。否则,时间会很快溜走。在每一阶段结束的时候,你应该安排和上司会面,对工作进行回顾。(当然,你们沟通的时间可能更频繁一些。)

和下属之间的合作

最后还要注意一点,你将不只是有一位新上司,你自己也可能成为一位新上司。你几乎肯定会有新的下属。正如你应该和新上司发展积极的关系一样,你的下属也需要和你进行有效的合作。你是否曾经有过帮助下属成功度过过渡期的经历?这次和过去的做法有何不同?

想一想,如何把本章提出的建议应用到和你自己的下属的合作中去。过渡期的黄金法则是,你希望自己如何过渡,就让他人如何过渡。五个谈话框架可以帮助你和下属建立积极的关系。立即把这个框架介绍给他们,和他们中的每个人安排第一次谈话,讨论形势和你的期望。让他们在和你见面之前作好准备。看看你能在多大程度上使他们加速度过过渡期。

第一章

结论

　　这看起来像是简单的建议,但是要明确你担任新的领导职务时别人对你的期望并不总是件简单的事情。处于运作不力的混乱状态的组织,难以接近的或者受其他事情干扰的上司,消极懈怠、怨气冲天、阿谀奉承的员工,所有这一切结合在一起,往往使你很难尽早对你应该完成的任务和完成任务的方式有准确的认识。然而,准确认识这些情况是你的责任,因为如果你没能这样做,或者用你自己盲目的观点取而代之,那么这将把你自己引入凯文·科迪所陷入的麻烦之中。按照本章列举的步骤去做,可以帮助你在新职位上制订计划并且完成你的工作任务。如果不这么做,你可能会像凯文一样犯严重的错误,并且很快就会发现自己成了朝里看的局外人。

快速检测表

1. 你过去是否曾经和新上司建立过有效的关系?你在哪些方面做得好?哪些领域需要改进?
2. 制订有关形势的谈话计划。根据你目前了解的情况,在此次谈话中你将向上司提出哪些问题?你一开始想说什么?你想按怎样的顺序提出问题?
3. 制订有关期望的谈话计划。你如何确定上司对你的期望?其他主要客户对你的期望是什么?
4. 制订有关风格的谈话计划。你如何才能了解上司喜欢以怎样的方式和你进行沟通?他喜欢哪种交流模式(电子邮件、语音邮件、面对面)?你们应该多长时间进行一次沟通?你应该提供多少细节？在作出决定之前，哪类问题应该和他进行商讨？
5. 制订有关资源的谈话计划。对你需要做的事情，哪些资源是必不可少的？如果资源有限，你将放弃什么？如果资源充分，会得到什么利益？
6. 制订有关个人发展的谈话计划。你的优势是什么，哪些地方还需要改进？哪种任务或者项目可以帮助你培养必需的技能？

第二章 将策略与形势相匹配

埃米·多诺万(Amy Donovan)是某联邦部门行政服务机构的一个新设职位的第一位负责人,埃米负责提高三个准独立的地区性行政支持中心的绩效。虽然这些中心的绩效近几年引起了人们的高度关切,但是每个中心仍然在为部门在全国范围内的运行提供许多重要的员工服务。

埃米有十年人力资源经理的经历,而中心必须提供采购、资金服务、房地产以及其他领域的支持,她对这些方面的知识了解并不多。但是她明白,成功地为三个存在不同程度问题的中心建立团结高效的组织,远比单纯了解他们的工作需要付出更多的努力。面临的第一大挑战就是判断三个中心各异的文化和管理风格,并进行整合,建立起一个统一的模式,以提高效率,并且提供全面、高水平的客户服务。

通过和三个中心的主任召开一系列深入的回顾总结会议,埃米开始了她的判断过程。这些管理者任职多年,埃米很快得出结论,他们相信变革对他们产生不了什么影响,事实上他们没有理由欢迎新的管理方式,因为他们捧着铁饭碗。对埃米来说,近期内把他们赶下台并不是好的选择,因为这些经理资历很深,享受公务员保护制度,而且立即进行人事变动会打断中心持续提供的服务。会谈的结果是,埃米对自己面临的复杂局势以及她在重组公司的过程中可能遇到的阻力有了更多、更好的了解。

第二章

　　然后,她来到每个中心和一线管理人员以及工人会谈,了解他们的职责以及他们如何履行自己的职责,对各中心怎样利用资源和技术进行了评估,并且对各中心不同的工作文化获得了第一手认识。结果,她发现了三种不同的情形。她走访的第一个中心的主任任期最短,这个中心既令她鼓舞又令她担心。她在对该中心过去的绩效记录进行检查时发现,该中心一贯坚持对办事处客户提供所需的坚实的技术支持服务。而且,她和管理人员以及工人的会谈使她看到了一支训练有素、有责任心的团队,他们为自己优秀的绩效而骄傲。然而,她对中心大部分员工表现出的微妙但又能让人察觉的自满态度感到有些不安。他们对自己的能力充满信心,不认为有什么地方需要改进。埃米认为这种态度是即将出现麻烦的危险信号。

　　她走访的第二个中心的主任是三位负责人里任期最长的。这也是最大的一个中心,为该国人口密集地区提供服务。过去的记录显示,这个中心曾经有过很好的绩效,但是在过去几年里,绩效大幅度滑坡。埃米与管理人员和工人会谈,他们沾沾自喜的态度令她吃惊。中心员工对客户越来越多的投诉置之不理,认为那只是些吹毛求疵的人经常发的"牢骚",这些人并不理解要提供他们认为合适的服务水平有多难。当问及员工多长时间会面一次,或者多长时间和客户办公室交流一次时,中心主任告诉埃米,他认为这不是他们的职责。他认为,他们的职责是对出现的所有投诉进行评估,然后判断这些投诉是否有价值。离开的时候,埃米认为,这个中心躺在过去的成绩上睡大觉,而没有察觉到绩效正在下滑的危险。

　　埃米走访的最后一个中心简直就是个灾难,该中心的主任三年前从另外一个机构调入。对它提供的服务的投诉不仅在该中心自己那里堆积如山,在总部也积压成堆。而且,越来越激烈的投诉在上下各级管理部门也引起了震动,甚至在就此事举行的预算听证会上引起了议会负责预算拨款的人的询问。在与中心负责人和雇员进行会谈的过程中,埃米发现,员工士气极低,而领导他们的主任则认为,他工作最重要的方面就是降低运行成本,导致的结果是全方面削减开支——从员工培训,到获取新技术,到扩大客户范围等各个领域。离开时埃米确信,这个中心需要大的变革。

回到总部,埃米思考着对三个中心进行改进的策略,以及如何在它们中间建立起一致的运作方式。她知道,要做到那一点,她采用的方式必须既能保持现有的有效的方法,又能消除引起绩效问题的原因。不管怎样,中心在过渡期必须继续为办事处提供所需的支持,服务水平的大幅度滑坡是她不能容忍的。因此,埃米面临着巨大的挑战。

应对判断形势的挑战

不同的形势要求不同的策略。但是太多的新上任的领导不能对形势作出正确判断,并对策略进行相应调整。他们没有认识到他们需要用不同的方法去对待他们组织的不同部分,因此掉入了这样的陷阱:用一种策略来应付所有的问题。当新领导对新组织的形势认识错误时,或者认为过去成功的方法在新的任务面前也同样有效时,他们就有可能选择错误的方向,采用的策略也可能产生适得其反的效果。这不仅给实现他们被委托的任务带来挫折,而且会危及他们的诚信。幸运的是,埃米避开了那个陷阱。

同时,新组织的复杂也很容易使新领导觉得不堪重负,这会让他们对发现的各种不同的形势和问题作出权宜的应对——而实际上,有时在面对着众多挑战时,本可以很容易地用一种策略的方法就将全部问题解决掉。因此,新领导那样做的结果只能是种种分散的不连贯的方法,在方向上并不能取得一种合力。

为了避免这双重陷阱,像埃米这样的新领导需要在"一种策略能应

第二章

付所有的问题"和"凡事采取不同的策略"之间找到平衡,以产生最佳效果。这就意味着要设计一个框架,用来分析当前的形势,判别形势的主要类型,并从既有的处理问题的各类策略中吸取经验。这还意味着,要找出哪些工作文化能提升绩效,哪些有阻碍作用,需要改进。

分析身处的形势

不论你正担任能极大扩展你的领导领域的高级行政职务,还是正在成为一线管理人员,负责由于以往的绩效问题或者由于接受了一项新任务而正在经历变化的某个职能部门,你在作出并执行决策之前必须采取措施,对你即将面对的形势有彻底的了解。做好准备能使你得到某种信任,这样就能提高你长期成功的可能性。

同许多政府管理工作一样,埃米·多诺万面临的情况包括第一章讨论过的STARS模型的三种形势。

- **扭转局面**:至少有两个中心属于这一类,因为它们的绩效存在缺陷,需要改进。
- **重新调整**:由于现行的结构和资源分配体系无法提高效率,或者无法持续为部门的办事处提供重要的支持服务,因此这种形势反映出重新调整的因素。
- **维护成功**:埃米所面临的情况有维护成功的特点,因为虽然每个中心都有各自不同的问题,但是它们也有优点,需要在改进的过程中加以保持并发扬。

我们怎样才能确定STARS模型中的哪一个定义适用于我们所面临的形势呢?正如大部分理解过程一样,我们从历史开始。如图2-1所示,组织从一种形势发展到另一种形势,这种发展是可以预见的。比如,新的组织会成长,最终发展成维护成功的形势,这反过来又能在发展圈里创造机会,开发新的项目和行动计划。

但是,达到这样的形势并不能保证持续的成功。由于内部的自满,或者外部的挑战,或者两种因素兼有,成功的组织可能会陷入麻烦。在政府组织中,要避免这种麻烦尤其困难,因为政府组织中的授权法令和强加的资源限制常常起着阻碍作用,使得那些促进机构工作最优化的调整性策略无法得以执行。即使机构还没有处于危机之中,敏锐的观察者也能看见风暴正在积聚,这是重新调整的信号。

重新调整一个组织通常意味着重新分配资源,使之能够回到以前维护成功的状态,正如图2-1中恢复圈所示。机构通过清除重复的功能,采纳新的技术和重新设计工作流程进行重新调整。调整也常常意味着机构的策略、结构、系统、技巧甚至文化都有根本性的改变。制定调整策略的主要障碍之一是,许多组织否认它们所面临的形势。它们依旧相信他们还能保持成功因而抵制变革,尽管它们要碰到麻烦。但是一旦重新调整的努力失败,组织将发现自己处于扭转局面的阶段,这就需要采取更加迅速而猛烈的行动,更少地顾及那些拒绝承认以前的绩效存在问题的领导们的事业和身份,正如图2-1中危机圈所示。

图2-1 ST$_A$RS模型图

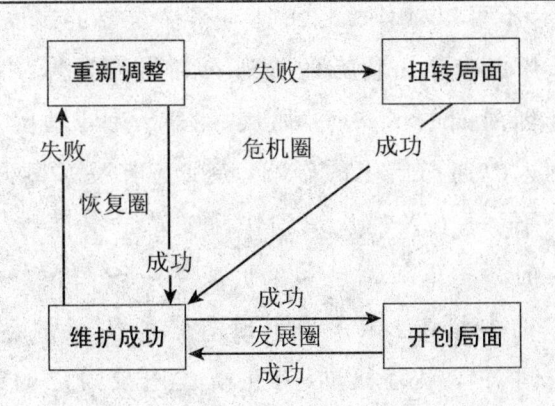

第二章

　　了解你领导的组织的历史有助于你把握机会,应对挑战,并且更好地设计行动计划。如果你不了解组织的历史以及它是如何走到今天这一步的,你就无从接手新组织。

确定挑战和机遇

　　正如表2-1所示,STARS模型的每一种形势都表现出过渡期所面临的独特的挑战和机遇,这一切对新领导所应该采取的策略有重大的意义。

　　在STARS模型的所有四种形势中,最终目的是一致的:建立一个成功的、高绩效的组织。但是每种形势又都呈现出不同的过渡期挑战。如果你处于开创局面的形势下,那么你主要负责建立一个新的组织。在扭转局面的形势下,你必须快速作决定并进行大规模的变革。在重新调整的形势下,你要在顽固的下属身上树立变革具有必要性这样一种意识。如果你处于维护成功的形势下,那么你接手的是一个前任领导已经使之成功运作起来的组织。这样,你面临的挑战将是如何以自己的方式进行管理,同时又保持以前有效的做法。因为组织很可能历史悠久,已经有了一些固定的做法,所以对你可以做什么、不可以做什么也可能有很多重要的制度上的限制。

　　每一种形势也表现出特有的机遇,你可以利用这些机遇建立发展势头。在开创局面的形势下,你从一开始就可以奠定好的基础;你不用处理别人的选择产生的影响,特别是有关人事方面的。在扭转局面的形势下,每个人都认识到快速变革的必要性,这种认识有助于你快速向前。在重新调整和维护成功阶段,相关的组织通常已经积累了很大的力量,这样在拿出成果之前你通常会有更多的时间。更多的时间对你很有利,因为在模式比较固定的组织里,你需要去了解它们的文化和政治,你也需要付出很多努力去建立支持你的同盟。

表2-1 ST₄RS模型四种形势的挑战和机遇

过渡期类型	挑战	机遇
开创局面	➤在没有明显框架和界限的情况下,重新建立结构和体系。 ➤聚合一支团结的高绩效的团队。 ➤利用有限的资源。	➤一切可以从头开始。 ➤发展前途使人们备受激励。 ➤人们的思维没有受到既有的僵化模式的禁锢。
扭转局面	➤重新激发士气低落的员工和利益相关者。 ➤应对时间压力,努力产生快速而有决定性的影响。 ➤进行大幅度的令人痛苦的开支削减。	➤每个人都意识到变革的必要性。 ➤受影响的客户可能提供重要的外部支持。 ➤小的成功也能起很大的作用。
重新调整	➤对付根深蒂固而又对高效运作不起作用的文化模式。 ➤使员工们认同变革的必要性。 ➤对高层进行重组,对机构进行重新定位。	➤机构拥有大量的实力储备。 ➤人们希望继续成为成功人士。
维护成功	➤避免作出引起问题的决定。 ➤生活在前任成功的阴影之下,与他创建的团队共事。 ➤找到使组织能够更上一级台阶的方法。	➤已经有了一支很强大的团队。 ➤人们有获得成功的积极性。 ➤已经奠定了继续成功的基础。

我们还能够预见,要改变组织的心理,挑战也各不相同,这取决于机构所处的形势。如表2-2所总结的那样,在开创局面的形势下,大家的情绪又激动又迷惑。你的工作就是要引导好那种能量,恰当运用正确的

第二章

观点、策略、结构和体系。在扭转局面的形势下,你可能要应付一群几近绝望的人。这一阶段的参与者通常知道问题所在,但不知道怎样解决问题。你的任务就是要在隧道尽头给他们一线光亮。在重新调整的形势下,你可能需要移去否认问题的面纱,这层面纱阻止人们去面对重新规划运作的必要性。最后,在维护成功的形势下,你必须找到方法创造新的挑战,使人们保持工作积极性,和自满心理作斗争,并且找到组织和个人新的发展方向。

表2-2 心理挑战

过渡期类型	流行的情绪	你面临的挑战
开创局面	迷惑	引导他们的能量
扭转局面	绝望	帮助他们克服绝望情绪
重新调整	否认	移去否认问题的面纱
维护成功	自满	保持他们的积极性

清楚你的策略选择

清楚地认识你即将进入到哪种形势中,可以帮助你对在担任新领导角色的最初一段时间里需要做的事情作出决定。在初期,清楚的认识对你作出四个基本的选择尤其有帮助。

1. 你应该在多大程度上注重了解情况而不是采取行动?
2. 你应该在多大程度上强调进攻而不是防守?
3. 你应该怎么做才能取得初期成效?
4. 你将采用突破式的还是渐进式的变革方式?

了解情况与采取行动

与作出决定、开始变革、重新任命人事等相比,你应该花多少时间深化你对组织的了解?了解情况和采取行动之间的最佳平衡在STARS模型的四种形势之间有很大的不同。在开创局面和扭转局面的形势下,关键是行动。在信息不完备的情况下,你必须尽早发出一些重要的命令。如果花过多的时间在了解情况上,你可能就会跟不上事情的发展,这是一种冒险。这并不是说在这两种形势下了解情况不重要,这一点毫无疑问。相反,这表明,在开创局面和扭转局面的形势下,了解情况从本质上来看主要是技术性的。这包括快速了解组织的各个技术方面,比如它的服务和产品、它的客户、它对敏感的政治问题的接近程度以及它的技术等。幸运的是,对这些情况的了解最简单、最快速。

在重新调整和维护成功的形势下,了解情况的重点从初期开始就有不同的要求。因为你面对的是一支相信自己已经成功了的团队,他们很难认为变革或者你指定的新方向是有必要的。过早的变革,特别是如果这些变革被认为威胁到组织的传统优势力量,它将给你带来沉重的代价。这是坏消息。好消息是在重新调整或维护成功的形势下,初期没有必要采取大的行动。在这两种情况下,你有时间深入了解组织的文化和政治,然后再设计改进工作。你要允许自己这样做,而不要认为必须立即采取行动,从而成为行动命令的牺牲品。

进攻还是防守

在初期,你应该花多少时间在制订进攻性计划上(如确定新的行动计划,形成新的结构,获得新的技术),又该花多少时间来进行良好的防守(如保护你们机构的领地,加强现行的职能)?当然,在所有的阶段,这两方面你都应该考虑,但是两者相对的侧重点有很大的不同,这取决于

第二章

你怎样判断你所处的形势。比如,在开创局面的形势下,进攻是你的全部重点:你要做的就是开展工作,没有什么需要防守。相反,在扭转局面的形势下,初期的任务就是进行好的防守:你需要找出该组织还保持着什么优势,并把重心转移到防守上,这样能帮助你获得所需的资源,以支持你改进工作。

重新调整和维护成功这两种形势相比也有差异。在重新调整的形势下,工作重点是在中途进行矫正,以改进处于滑坡状态的工作绩效。在维护成功的形势下,关键是要尽早进行良好的防守,以避免机构最有价值的优势遭受风险。随着时间的推移,你的工作重点可以转移到制定策略上,处理绩效问题。

取得初期成效

为了在新的工作中获得良好的发展势头,你应该争取取得一些初期成效。但是在ST$_A$RS模型的四种形势下,好成效的内容有很大差异。在开创局面的形势下,关键的成效是组织好团队,获得所需的资源,实现自己的重点策略。你必须决定你不做什么,然后制定纪律,约束机构的员工不去做,这很重要。在扭转局面的形势下,组织好团队也是潜在的重要的初期成效,同样重要的还有确定项目的防守重点,并且在使员工的精力转向这一重点方面取得大的进展。在重新调整的形势下,初期成效是让员工接受变革的必要性,并且让他们产生变革是不可避免的感觉。在维护成功的形势下,初期成效是理解机构成功的原因并且把这种理解表现出来,因为这能帮助你获得权力,为组织的未来作出决策。

突破式与渐进式

最后,你必须明确形势要求的是突破式的变革手段还是渐进式的变革手段。[1]这两种方式的区别如表2-3所示。扭转局面的形势要求突破式的变革;重新调整形势下的变化必须是渐进式的,而不能是突破式的。换言之,在扭转局面的形势下,出现的问题使人们认识到了重大变革的必要性;而在重新调整的形势下,你必须使人们认识到问题。

表2-3 变革模型

	扭转局面	重新调整
变革的原因	▶形势紧迫:问题使人们认识到了变革的必要性。	▶必须建立这种紧迫感:领导必须使人们认识到形势的紧迫。
变革的策略	▶彻底的(或目标远大的) ▶受策略(或结构)驱动	▶渐进的(或有计划的) ▶受过程(或技巧)驱动
领导技巧	▶指令(或权威) ▶以行动为导向 ▶创造简便性	▶达成共识(或创建同盟) ▶以了解情况为导向 ▶掌控复杂性

你采取的变革方式对策略和领导技巧都有重大的影响。要成功实现突破式的变革,你必须有远见,并制定相应的策略和结构来实现你的计划。它还要求领导风格更具指令性,并要求你在对情况不完全掌握的情况下发出严格的要求,然后随着你对情况了解的深入再进行调整。这种指令型的领导风格和以行动为导向的企业领导作风对突破式的变革来说是非常宝贵的。

在渐进式的变革中,形势不那么紧迫;你应该让人们意识到问题。对你来说,更重要的是花时间了解组织以及它的文化和政治,以便制定正确的策略并为你的计划获得支持。过早把重点放在行动上是危险的做法。过分指令型的领导风格也可能引起对抗。耐心地和员工达成共识的渐进的领导技巧更可能产生令人满意的结果。

因为领导需要履行的职责不同,所以那些喜欢采取突破式方法的人

第二章

很容易在重新调整和维护成功的形势下栽跟头,而那些喜欢渐进式方法的人很容易在开创局面和扭转局面的形势下栽跟头。应付扭转局面状态有经验的人在面对重新调整的形势时有这样的风险:他带着"答案"而来,行动过快,结果造成了不必要的对抗。应付重新调整状态有经验的人在面对扭转局面的形势时有这样的风险:他行动缓慢,在没有必要的时候花精力在达成共识上,这样就浪费了宝贵的时间。

这并不是说,人们不能同时掌握突破式和渐进式变革。虽然并不是人人都能在这两方面做得同样好,但好的管理者应该能够在这两方面都获得成功。应该头脑清醒地思考你的哪些技能和爱好能很好地为你所处的形势服务,哪些可能给你带来麻烦。

同时,也应该认识到,公共部门的领导面临的挑战在很大程度上是管理渐进式变革。根据我们的研究,我们估计,公共部门组织的任务通常侧重于针对重新调整和维护成功这两种形势来安排。开创局面的形势最不常见;虽然扭转局面的形势在政府各部门都会出现,但是重新调整和维护成功还是更为常见。这就意味着,公共部门的大部分管理者应该能更有效地处理渐进式发展,而不是煽动突破式变革。

领导渐进式变革

在重新调整和维护成功这两种形势下领导变革是很困难的,可能比使组织运作起来或者扭转组织的局面所面临的挑战更艰难,因为后者面临的挑战更为明确而且以行动为中心。渐进式的领导在移去否认问题的面纱和提高员工变革必要性意识方面采用的主要方法,可以总结如下:

> ➢ **积极倾听**:倾听是提高变革必要性意识的有力工具,尤其是在倾听的过程中,如果能明智地进行观察并提出富有挑战性的问题,倾听

就更有力。

- **让其他人来教育你的组织**：提出变革的理由时，使你自己成为"唯一的痛苦核心"是很危险的，因为这很容易在新组织内刺激一种类似免疫系统的反应，就像你的身体调动抗体打败入侵的病毒或细菌一样。为了更有效、更安全地教育你的组织，要让其他人也参与进来，比如你的上司、客户和主要的利益相关人。

- **改变衡量标准**：如果组织的衡量标准没有反映出问题，那么就很难提出变革的理由。如果问题真的出现了，那么衡量标准可能就是错误的。通过改变衡量标准，你可以把人们的注意力放到出现的问题上，并且有助于消除否认问题的心理。

- **采用共同判断的方法**：即使你肯定自己明白"问题出在哪儿"，你也不能就此就让人们接受你的判断，除非你想引起不必要的抵触。不要让别人接受你的"答案"，更有效的做法是从共同判断开始，一点一点让人们参与进来。如果共同判断要求组织员工与客户和主要利益相关人进行对话，那么这种方法就尤其有效。

- **取得初期成效并庆祝成功**：为了朝有前途的方向获得发展势头，你应该努力获得初期成效，然后庆祝成功。把注意力集中在重大的、但是容易处理的问题上，然后得出取得一些初步进展的方法。让那些你认为有变革意识的人参与到你的工作中来；工作取得成效时，要庆祝获得的成功。

- **分析并且影响动机**：仔细分析组织里有影响的人物的动机：他们被鼓励去做什么，不做什么。然后集中解决如何通过提拔和奖励那些作出正确行为的人、以合理的方式惩罚那些行为不端的人来改变这些动机的问题。

虽然埃米·多诺万面对的情况表现出STaRS模型的三种形势的特点，但是她认识到她所面临的主要是重新调整的形势，这样她就能制定

第二章

策略,揭穿每个中心普遍存在的否认问题的心理。埃米和她的上司都认识到,所有三个中心都有需要保持的优势,即使是绩效最差的那个中心。因此,在设计和执行提高绩效的方法时,中心所提供的重要支持服务不应该被打断。

担任全国负责人仅两个月,埃米就向上司提出要求并很快得到授权,她开始了渐进性行动计划,提高中心绩效。她的策略的一个重要方面就是把三个中心的主任重新任命到总部,担任她的助手,以建立更统一的绩效标准,同时她还任命了三个执行主任,这三个执行主任认为支持提高绩效的做法是最符合他们自身利益的。

三个任命到总部协助埃米的主任中,有两个并没有在新职位上工作很长时间:工作时间最长的那位主任没有被任命到其他岗位上,最后退休了;而那位几年前从机构外部招聘来的主任在总部的工作十分不如意,一年之后要求调走。然而,第三个前中心主任留了下来。埃米着手在中心之间重新分配资源,重新设计每个中心的绩效标准,以反映新的客户服务和成本控制目标,设计新的保证专业人员之间进行跨中心培训的体系。在这一过程中,这位主任成为了埃米了解机构的有价值的信息源泉。最终,他得到了提拔,成为了埃米的副手。

作为执行计划的第一步,埃米任命了三个中心执行主任负责客户调查,把结果呈送每个执行主任和埃米。这些调查的重点是机构对客户要求的响应性问题和质量问题,还包括办事处在各自中心表现出的信心不足问题。根据初步了解的情况,埃米非常清楚调查会是怎样的结果,她计划把结果在每个中心的会议上宣布,并且在下一步提高绩效的过程中利用这些结果,使每个员工摆脱自满情绪和低下的士气,正视绩效现状,找出改进工作的办法。埃米计划在下一阶段成功地利用讨论结果,即怎样保持并共享有效的做法,怎样摈弃无效的做法。至此,对问题有了相对清楚的认识之后,才能解决怎样在不降低服务水平的条件下执行绩效提高计划这一问题。

判断你的 ST$_A$RS 组合

利用 ST$_A$RS 模型对你所处的总体形势有了判断之后,下一步就要进行深入研究,对你的总体职责进行评估。也就是花些时间,利用 ST$_A$RS 模型来分析你的职责:你的工作职责的哪部分需要开创一些新的东西?哪部分遇到了问题,需要扭转局面?哪部分在危机出现之前需要重新调整?哪部分需要维护现有的成功,并使它继续下去?

下面的做法有助于你系统思考组织各组成部分面临的挑战和机遇。它还能向你提供一种语言,你利用这种共同语言和新团队进行对话,和他们谈论你为什么以及如何用不同的方法管理各个部门。

进行这种模型式的分析的第一步是确定你将如何分解你的职责。把你的职责分成不同的种类:
➢ 提供的服务
➢ 项目
➢ 过程
➢ 设施和地点
➢ 人员和小组

下一步就是根据 ST$_A$RS 模型中的类别,利用图 2-2 所示的方框,对你的职责进行分类。哪些职责可归为开创局面框架?哪些可归为扭转局面框架?哪些可归为重新调整框架?哪些可归为维护成功框架?

现在后退一步,看看这一组合。它对你在模型的不同部分所需做的事情有何意义?它又对你需要同时使用的突破式和渐进式技巧以及何时使用它们有何意义?

第二章

图 2-2 分析 ST$_A$RS 组合

开创局面	扭转局面
重新调整	维护成功

你还应该注意，ST$_A$RS 模型有助于你的上司以及你的下属与你达成共识，就形势和形势决定的工作重点以及策略达成一致意见。在埃米·多诺万的案例中，她对自己在三个中心面临的提高绩效的形势作出判断之后，立即向上司汇报，并得到了他的认同。这使她满怀信心地执行自己制订的绩效提高计划。埃米的经验很清楚：你要避免成为孤独的英雄，特别是当你面临的挑战和埃米一样艰巨的时候。你应该把你对形势的判断向上司汇报，在这一点上得到他们的认同，同时在下一步完成任务的策略上得到他们的认可；你还应该让关键的员工参与你的工作。你越早这样做，对你就越有利。

为了做到这一点，关键是要根据形势进行调整。在政府部门，成功所需的具体的管理任务在中高管理层之间有所不同，在 ST$_A$RS 四个阶段也有所不同，表 2-4 对此进行了总结。各类政府机构，尤其是那些公共部门，它们是根据多少有点僵化的法令法规建立起来的，因此它们的特点是权力和职责领域有比较清楚的界线。所以,虽然各项管理任务在文字上有明确的规定,在实际操作中却可能出现交叉,造成混乱和冲突。为了避免可能出现的问题,领导者必须清楚地传达管理过程中面临的形势。

表2-4 管理职责

	开创局面	扭转局面	重新调整	维护成功
中层管理	快速估计资源要求;动员员工。	快速执行矫正措施。	判断对改进起阻碍作用的因素;在职责范围内进行变革;提供反馈。	对运营情况进行评估;寻求新的努力目标以提高绩效;领导改进过程。
高层管理	快速制定目标;获得权力和资源;制定策略。	快速找出以前工作失败的原因,采取必要的行动加以改进。	掌握机构的文化和政治;和员工一道制定改进策略;建立支持性同盟。	掌握机构的文化和政治,创造新的努力目标;建立支持性同盟。

因为任务不同,完成任务的相应技巧不同,所以不了解他们面临的形势的中高层管理者很容易选择错误的方法,结果造成冲突,妨碍绩效。比如,把重新调整的形势误认为是扭转局面的形势可能会有这样的危险,即带着"答案"而来,行动过于迅速,这会引起不必要的抵触。相应地,把扭转局面的形势误认为是重新调整的形势的领导行动过于缓慢,当需要采取快速行动的时候,他们却把精力花在达成共识上。当然,这并不是说,应对开创局面和扭转局面这两种形势有经验的领导,就不能在重新调整和维护成功这两种形势下获得成功;也并不是说,应对重新调整和维护成功这两种形势有经验的领导,就不能在开创局面和扭转局面这两种形势下获得成功。我们的意思只是,有必要仔细思考,你的哪

第二章

些技能和偏好能最好地为你所处的新形势服务,哪些从一开始就会让你误入歧途。

结论

在向新领导角色过渡的时期,要想一开始就方向正确,关键是巧妙地制定与形势相符的行动策略。你面临的是 ST_ARS 模型四种形势中的哪一个?确定占主导地位的形势对你可能面临的挑战和机会以及你怎样应对过渡期有何意义?它对你了解情况的工作安排有何意义?你的哪些技能和优势对你所面临的新形势最有价值,哪些可能使你陷入麻烦?机构最普遍的心理是什么?你初期的重点应该是进攻还是防守?最后,你所在的组织的各组成部分中,都涉及 ST_ARS 模型中的哪些形势?

在开始采取行动计划提高三个支持中心的绩效之前,埃米·多诺万充分了解并且能够很好地回答以上这些关键问题,还和她的上司重新确认了她被任命的工作。这就是她成功的关键。

快速检测表

1. 你正面临 ST_ARS 模型的四种形势中的哪一个——开创局面、扭转局面、重新调整,还是持续成功?利用 ST_ARS 组合这一工具来明确你的职责并分清主次。

2. 各种形势对你可能面临的挑战和机遇的意义是什么?对你加速完成你的过渡期的意义是什么?

3. 各种形势对你了解情况的工作安排的意义是什么?你是只需要了解组织的技术层面,还是必须还要了解它的文化和政治?

4. 新形势下,你的哪些技能和优势是最有价值的?哪些可能给你带来麻烦?

5. 普遍存在的心理是什么?你需要在组织中进行哪些心理调整?如何进行?

6. 你的初期工作重点应该是进攻还是防守?

第三章　加快了解情况的步伐

桑德拉·马丁（Sandra Martin）是一位工程师，有15年大型联邦研究机构的工作经验。她接到机构主任的电话，请她回总部帮助解决一个重大工程项目中出现的问题。桑德拉非常乐意接受调动。她当时正在一个机构的办事处工作，在那里，她和几所地方大学进行了一个合作性研究项目，两年的特别工作已接近尾声。尽管桑德拉完成了任务，成功地和参与的大学进行了协商，并且使得机构研究人员封闭的文化变得开放，她还是很愿意重新从事工程方面的工作。接到电话一周后，桑德拉就到总部报到，临时担任一项高度保密而且具有政治敏感性的研发项目的经理。她希望暂时担任此职务，直到任命一位对此项目有直接经验的新经理。仅仅两个月后，她就被任命永久担任此职务，她对此感到十分吃惊。

桑德拉被任命是因为在前一次任务中表现出了良好的管理资质，作为与科学家合作的工程师，她把那次任务比做看管一群猫。桑德拉接手的项目刚刚经历了一场重大的危机。三个月前，由于桑德拉的前任的设计和质量控制过程出现严重错误，导致了严重的预算危机，让机构主任和他的支持者蒙羞，使得几个议会委员会大为恼火，他们对项目进行了仔细审查。这样一来，项目就丧失了一个重要的转折点（她的这位前任因此被解职）。

机构主任向桑德拉解释道，她的任务是矫正造成这个转折点失败的

第三章

设计和质量控制过程中出现的问题,在下一个转折点到来之前使项目回到正轨上——而那还有不到一年的时间。这项任务把桑德拉推到了当时机构最受人瞩目、最关键的位置上。但是除了公众的严格监督和重大的技术问题外,桑德拉还面临着几个严峻的挑战,她要在机构内部的政治和文化雷区航行。

桑德拉被提拔后,职务超过了项目总经理比尔·汤普森(Bill Thompson)。比尔本来期望自己能被任命为新经理。事实上,桑德拉曾提议提拔比尔担任项目经理,但是现在让她吃惊的是,她发现自己成了他的上司,需要想办法获得他的支持。使事情更为复杂的是,桑德拉接管的150人团队处于严重的混乱状态。她的前任是个暴君式人物,为了取得结果不惜使用恐吓手段。他不让员工参与重要的技术决定,实际上这样是剥夺了员工的权利。由于以上原因,桑德拉需要快速了解每个主要成员的能力、忠诚度以及积极性。

最后,项目作为一个整体,缺乏完成机构主任布置的任务所需的结构和问责制度。这样,桑德拉的首要任务就是要把一群组织松散的专家重新塑造成一个集中的、协作的、有共同目标的、休戚与共的团体。建立这样的机构意味着要把一些员工从项目中排除出去,这是一项微妙的任务,它必须能提升而不是损害新团队本来就已经十分脆弱的士气。

应对了解情况的挑战

像桑德拉一样,你可能正担任一个重大项目的领导职位,或者你正接管某个员工职能部门,甚至正在领导整个机构。不论哪种情况,在你担任新职务的最初几个星期,你应该尽可能多地了解挑战、资源和障碍。这说起来很容易,但是为了尽可能快地了解情况,你必须对需要了解的情况采取务实的态度,同时注重了解情况的方法,这样可以避免初期判断上的失误——这些失误会耗尽你的能量,破坏你的信誉。

以桑德拉为例,她得费力地阅读堆积成山的技术资料,了解并评估士气低下、心怀不满的员工,和大量的承包商建立建设性的合作关系,了解机构内部和周围的政治阴谋的运行机制。最重要的是,她必须适应一个吸引公众和媒体眼球的机构。如果她不迅速安排自己了解情况的过程,那么她知道她不久就会被大量信息所淹没而失去工作能力。

了解一个新的职位就好比从灭火龙头里取水喝,你有太多的信息需要了解:当前处于你掌握之下的项目,适用于项目的规章制度,由政党委派的出任者,以及作为你上司的高级行政人员的方针和策略。还有关键的一点,你要了解你的下属或者你的同事。面对如此大量的信息,你很容易错过重要的信号。过渡阶段比新职位的其他任何阶段都更需要你在了解情况时做到快速有效。如图3-1所示,获得成功会创立一个良性循环:很好地了解情况会使你在早期作出正确的决策,正确的决策又能帮助你建立信誉。如果你失败了,那么你建立的将是恶性循环,那会加大完成工作的难度。[1]

图3-1 良性循环

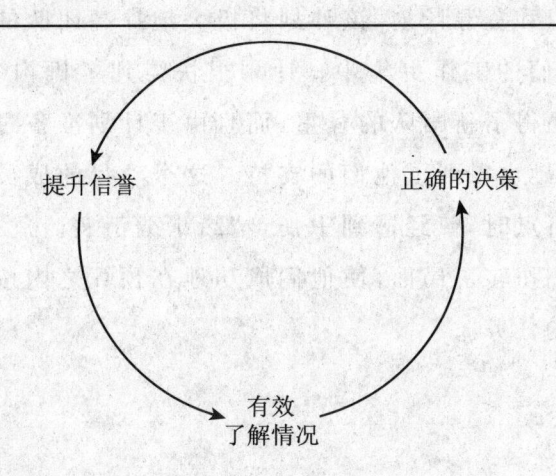

第三章

　　桑德拉上任后最初几个月的主要任务是判断形势,她把时间分成两块:了解技术和评估并组合团队。建立团队的行动之一是召开全体员工大会,她在会上公开指出,她曾经提议提拔比尔担任此职务,对自己被任命也感到很吃惊。她对比尔过去的贡献提出了表扬,并且强调了他在完成新的任务中的重要性。然而,她也清楚地指出:"我们现在接受了任务,我们必须完成任务。"这次会议以及比尔作为回应表现出来的支持态度是桑德拉在团队成员中建立信誉的重要的一大步。(后来桑德拉提名比尔获得了机构的一个最高奖项。)

　　尽管桑德拉频繁旅行,会见合同商,参观机构办事地点,还有大量的技术报告需要消化处理,她还是在接下来的几个星期里会见了每个重要的团队成员,了解了他们的任务,以及他们在前任手下如何完成这些任务。她规定定期召开员工大会和技术会议。她坚持召开这些会议,即使团队成员认为这些会议在某个时候没有必要召开。她还制定了问责制度,要求所有小组都要在会议中作出的技术决定上签字。当本来被认为不重要的问题结果被证明比想象的要复杂时,桑德拉这种有系统的会议的价值就显示出来了。

　　上任的第二个月,在员工直接而有影响力的参与之下,桑德拉设计了一个重组和资源计划,该计划将极大地提高团队的人员配备水平,并且使他们的工作更集中。计划很快得到了机构主任的批准,桑德拉不仅赢得了新团队的尊重,而且由于计划准备过程一直得到员工的参与,她也得到了他们的支持。这个项目的成员在错失了一个重要的转折点时,曾经遭到中伤,情绪十分沮丧。危机时刻,杰出的领导为他们扭转了局面,使他们成功地在预算之内按时完成了下一个转折点的任务。

避免了解情况时发生的判断失误

桑德拉初期就能和组织形成融洽的关系,在很大程度上是因为她避免了新领导在了解情况时通常犯的典型错误。例如,很多新领导上任时带着"答案"——事先预设好的解决机构问题的办法,或者在任期内过早作出结论。新领导掉入这样的陷阱是因为傲慢或者缺乏安全感,因为他们认为自己必须表现得有决断性或者确立指令性的基调。[2]但是当员工感觉到领导只是对他们发现的深层次问题进行表面化处理时,他们就不买账了。当人们认为领导已经下定了决心时,他们就不愿意和领导分享信息,这很好理解。

另外一些新领导花时间了解情况,但是他们了解情况时慢慢走到了"自我实现"这一危险的道路上,这样他们就关注了错误的问题。了解情况时的"自我实现"的意思是,根据你以前的经验和接受过的培训来决定获取信息的范围,避免冒险进入新的领域。这种做法很自然,但是也很危险,因为如果仅仅集中了解你认为自己有能力明白的组织的某些方面,而避开你认为自己不能明白的,这可能使你了解的情况出现严重的偏差。比如,如果技术是你的强项,你能够了解新工作中技术方面的挑战。如果技术是关键的问题,那么这很好。可是,正如桑德拉所认识到的那样,如果真正的挑战也来自文化和政治方面,那么你可能会发现自己被蒙上了眼睛在雷区漫步。

制订了解情况的计划

对桑德拉这样的新任命的管理者来说,理想的状况是,在上任之前有几周的时间熟悉新组织,和新上司沟通,了解任务以及完成任务可获

第三章

得的资源。遗憾的是，新领导很少有这样一段奢侈的适应期。我们的研究表明，从被选中到被安排到政府机构工作的时间短则一两天，最长也很少超过一两个星期。而且，如果新的管理者来自另一个机构，或者更常见的情况是，从专业岗位调动到更一般的管理岗位，那么通常都不可能提前得到提醒或指导。因此，新管理者们常常发现他们得依靠自己去掌握必要的情况，这样才能很好地了解即将面对的新工作。

为了成功地做到这一点，你应该制订学习计划。你可能很想一头钻进去，尽可能吸收你能得到的信息。你应该抵制住这种诱惑，花些时间制定了解情况的工作安排。你需要了解的最重要的问题是什么？你需要求证的最重要的假设是什么？你只有确定了你需要了解什么（你了解情况的日程安排），才能确定如何快速而有效地了解情况（你了解情况的计划）。

制定了解情况的日程安排

当桑德拉·马丁担任项目领导的时候，她知道她面临了解情况的艰巨任务。虽然你面临的了解情况的挑战不如桑德拉的那么复杂或那么重要，但是如果你在了解情况时训练有素，那么这对你的成功也非常重要。即便你能了解情况，也不可能一下子了解所有的情况，因此你应该根据情况的重要程度来进行安排。而且，你要接受这样的事实，你不可能一开始就了解一切，这很重要；不要排斥向别人求助，那并不会让人觉得你没有作好准备或者不称职。

了解情况是一个投资过程

你应该把加快工作进程的努力看做是一个投资过程，把你的时间和精力看做是应该被认真管理的财富。你不是为了解情况而了解情况，相反,你是在寻求指导行动的见解,换言之就是让你知道接下来应该做什么的知识。桑德拉·马丁花时间对她面临的了解情况的挑战进行了现实的分析,并且有条理地处理了这些问题,这为她本人、她的团队以及她的机构都带来了初步的积极结果。为了能从了解情况的投资过程中获得最大收益,你还应该从等待新领导去了解的大量信息中快速而有效地获得"指导行动的见解"。你可以通过提出问题做到这一点——对过去、对现在、对将来的问题。事情为什么这样做?那些原因现在还适用吗?形势是否发生了很大的变化,以致将来应该采取不同的方法?

了解情况时应该有自己的观点

虽然思想开放是优点,但是新领导在了解情况时不应该忽视自己的经验。许多被任命了领导职务的政府人员在被任命负责某项工作之前,在专业领域已经有了很大的发展,因此在这个过程中他们有机会思考,如果自己是上司会怎样做。现在你的情况就是这样,你有机会把自己关于有效领导的想法付诸实践。了解情况时受开始工作以前的观点的影响,要比在了解情况的过程中听从别人的计划,或者要比最糟糕的胡乱收集信息可取得多。这并不是说,针对什么是重要情况,什么不是重要情况,你应该已经拿定了主意。但是在开始担任新的领导职务时,根据你的经验,对如何最好地应对新任务作出一些假设,可以使你的问题更加集中,而且你能更好地利用答案来检验你对什么是首要问题的想法。

当然,带着自己的观点去了解情况也存在风险:你会受不经检验的臆断的引导,而不是受需要求证的假设的引导。我们采访过的一位领导这样解释说:"我把假设看成是一项处于进行过程中的工作,而与之相反,臆断是一种更加固定的状态,你想方设法证实你的臆断。"讨论计划时,要和员工沟通,让他们了解你只是在检验一些想法、激发讨论,而不是在制订计划或者作出决定,这有助于减轻他们对你的意图感到的不安

第三章

和困惑——这种情绪是很正常的。

了解技术、政治和文化

制订出了解情况的计划可以帮助你了解重要的问题和假设。许多新领导者发现可以从三方面对组织作出判断：技术、政治和文化。[3]

了解技术。这包括掌握机构的产品、服务和客户的性质和主要特点。了解技术这个词曾经与商业机构有着密切的联系，从过去十年左右开始也在政府机关里使用。把机构的产品和服务的终端用户看成是这些产品和服务的客户和合法的利益相关者，这对政府管理者如何设计机构并且对效果进行评估产生了极大的影响。这一论断不仅适用于组织内部，也适用于组织与纳税人、立法者以及政治领导人的直接交道。掌握组织的日常工作和客户对组织的期望和要求必须是你了解情况的主要方面。

了解政治。每一个机构组织都充满了政治——派系、权力斗争、谈判、建立同盟等存在于任何一家大企业里。然而在政府部门，政治环境由于公开的派系之争和选举结果——这会极大地影响掌握政府部门的当局及其制定的政策、高透明性和一大批经常明争暗斗的利益相关者——而变得更为复杂。虽然这些因素对组织的高层以及直接和公共客户打交道的部门产生的影响最大，但是政府部门的政治气候也会影响到内部职能部门的运作方式。对新管理者来说，在对员工、资金等关键资源的竞争方面，要想占据政治制高点，就必须了解决策方法，找出咨询的对象，确定有影响力的同盟（尤其是那些你需要得到他们支持的同盟），形成对政策必要性的敏锐感。

了解文化。文化是一个组织的中心，它会对组织的其他四方面——策略、结构、系统和技能产生影响，并影响着它们背后的思维。事实上，你在新工作中可能遇到的最重要的领导问题都包含有文化方面的因素。

加快了解情况的步伐

文化被定义为一系列共享的预期。[4]组织的文化包含影响团队成员行为、态度和预期的准则和价值观,并且提示他们什么该做,什么不该做。正如前面所讨论的那样,人们常常对事情的发展有着一种固有的臆断,这种臆断在组织里长期存在,又如此根深蒂固,人们对此已经习以为常了。所以,你要及早对你的团队现行的文化中存在的问题作出判断,并加以解决。只有这样,文化才能对你的策略起完全的支持作用,并且和团队的其他方面——策略、结构、系统和技能顺利地结合起来。

组织或团队的文化是随着时间而发展起来的。因为它根深蒂固,所以会对现状形成一个强大的保护性障碍(见"行政文化起源")。在有些情况下,你可能会发现文化的某些方面能起很大的作用,需要继续保持;在另一些情况下,你会发现它们对高绩效是一种阻碍,必须改变。不论是哪种情况,关键是要判断现行的文化,并且学会如何利用它的优势,解决它的问题。

行政文化起源

行政部门的基本概念是在19世纪后期发展起来的,这一概念现在仍在很大程度上保留下来了。它指的是组织根据规则而不是文化准则进行管理。但是这种纯粹的模式没有考虑到构成组织的个体的自主性,尤其是没有考虑到他们的行动受很多因素的影响,行政规章只是其中一个因素。任何一个领导,特别是机构的最高层领导,他们所起的最关键作用也许只是解释规章制度;制度只是提供行动框架,它们本身并不作出决定。领导者,以及其他所有受他们影响的人都是社会人,他们和任何个体一样有自己的偏见、兴趣和恐惧。这些因素和整个社会流行的文化模式一起,将会对受制度控制的体系里的人的工作方式产生影响。

因此,应该认识到,一个组织的文化会比它的制度对它如何处理新

第三章

问题产生更大的影响——新问题指的是现行的体系中没有得到处理的问题。组织的章程和制度手册是静止的,它们所起的作用主要是对现在产生影响,它们并没有说明一个行政机构应该如何面对新的挑战和问题。因此,那些必须面对这些问题的人(组织的领导者)在设计行动计划时就不可避免地会受到文化模式的引导。从这种意义上来说,文化开始介入,而制度停止了作用。

为了了解团队的文化,你必须透过表象看到深层的东西,这些表象包括衣着风格和交流互动方式等;另外,也要看到隐藏在社交模式或者指导行为的共同准则背后的东西。你还必须深入考察组织内部存在的各种具体的工作心态。比如,人们是对个人成功和收益更感兴趣,还是更重视集体业绩?他们是否按时出席会议?他们工作投入吗?他们是否明确地专注于目标的实现?对这些问题的回答可以为你提供指导行动的见解,帮助你在了解情况的过程中投入时间和精力,使你在建立支持你的目标而不是对其表现出冷漠或抵制的组织文化方面取得最大的潜在回报。

新领导应该超越表面现象,寻找团队成员认为是理所当然的深层次的臆断。对一个正在努力协调团队的各个方面以开始新的行动计划的新领导来说,最相关的臆断包括以下两方面:

- 权力:员工们认为谁有权作出决定,施加影响力?
- 价值:员工们认为什么样的行动和结果能创造价值?价值的形式包括,在提供产品和服务方面的效率和效果,让产品和服务的使用者满意,促进革新,创造支持性的工作环境,等等。

你怎样深刻了解这些基本的臆断?要认识关于权力的臆断,你要了解以前是如何作决定的,确定谁服从谁。要认识关于价值的臆断,你要看看人们的时间是如何度过的,以及什么最能调动他们的精力。例如,员工们是否努力在彼此之间形成积极的工作关系?效率是否受到重视?他们对产品和服务是否达到了客户的期望在意吗?

　　新上任的最初几个月,你所能做的只有对组织的文化作出判断,并且着手改变组织里问题最严重的方面。下面是开始改变文化的五个方法;不论你决定使用哪些方法,你都要把目标定在那些能够协调团队的策略、结构、系统和技能的变革上。

1. **改变绩效衡量标准和激励措施。** 在公共部门组织中,衡量和激励体系通常采用制度的形式,这些制度是由法令、法规或者概括性的政治指令强制执行的,不容易改变。因此,你应该把机构的绩效评估体系以及具体的对个人的绩效要求和团队的策略结合起来。

2. **制定一些小规模项目。** 建立多学科任务小组,为员工提供机会,对新工具、新技术和新工作流程进行试验,以解决工作中存在的问题。

3. **引进新生力量。** 由于受严格的人员编制限制和其他招聘或预算限制,引进新生力量在公共部门组织不是件容易的事情。但是,如果有可能引进新人,比如说有杰出专业技能的新专家,那么结果可能会激励新思维,提高整个团队的绩效水平。

4. **促进集体学习。** 利用标杆管理模式[5],让团队成员了解新的运作方式。

5. **动员集体智慧。** 找出团结员工的创造性的方法,比如召开非现场会议,让员工为改进某一工作流程献计献策,并展望新的工作方法。

　　对桑德拉来说,担任机构内部一个存在重重问题的重大项目的领导,要求她快速了解组织的文化,避免犯代价高昂的错误,使组织进一步倒退。在这方面,她以前在机构内部的工作经验是很有价值的,但是她

第三章

对新团队复杂的人际关系还有很多不了解的地方。她系统而全面地了解情况的方式这时取得了好结果，使她不仅尽早获得了关键信息，而且也有助于她调整员工使他们适应新的运作方式。

开始行动

你应该如何列出一系列初期指导性问题？从列举出有关过去、现在和将来的问题开始。"诊断性样板"提供了这三类问题的例子。利用这一样板列举出问题，以便你在初期了解情况时注意力更加集中。

诊断性样板

有关过去的问题

绩效

➢ 这个组织过去的工作情况如何？员工对过去工作的看法怎样？

➢ 过去的目标是如何制定的？那些目标过高还是过低？

➢ 是否使用了内部或外部标杆管理模式？

➢ 使用了哪些措施对绩效进行评估？这些措施鼓励或者限制了哪些行为？

➢ 如果目标没能实现，结果会是什么？

根源

➢ 如果组织的绩效很好，原因是什么？

➢ 组织的策略、结构、技术能力、文化和政治各自作出了什么贡献？

➢ 如果组织的绩效不佳，原因又是什么？主要问题出在哪儿？组织的策略、结构、技术能力、文化，还是政治？

变革历史
- 过去进行过怎样的努力对组织进行变革？结果如何？
- 谁在组织的形成过程中起了推动作用？在组织员工的口中谁是英雄，谁是反面人物？这表明他们尊重什么，又鄙视什么？

有关现在的问题

任务、愿景和战略
- 组织公开宣布的任务、愿景和战略是什么？
- 组织正在执行该战略吗？如果没有，原因是什么？如果正在这样做，这个战略符合机构的发展方向吗？

员工
- 谁有能力，谁缺乏能力？
- 能够信任谁，不能信任谁？谁开诚布公，谁不够坦诚？
- 谁有影响力？为什么？

利益相关者
- 谁是外部关键的利益相关者？他们对组织的期望是什么？他们希望组织做什么？
- 其他哪些个人和团体可能对组织的运行产生影响？

工作流程
- 组织提供的主要服务和支持过程是什么？谁是"客户"，谁是"供应商"？
- 在质量、可信度、时间保证方面，工作令人满意吗？如果不令人满意，原因是什么？

初期成效
- 在哪些人或关系方面你能取得初期成效？
- 在哪些过程中你能取得初期成效？

第三章

有关将来的问题

挑战和机遇

➢ 在接下来的一年里,组织可能在哪些领域面临严峻的挑战?现在能做什么为那些挑战作好准备?

➢ 很有希望但是还没有被利用的机遇是什么?需要怎样做才能实现它的潜在好处?

障碍和资源

➢ 阻碍变革发生的最可怕的障碍是什么?

➢ 是否存在你可以利用的优秀人员或其他高质量资源?

➢ 需要进一步培育哪些新能力?

可预见的意外

➢ 有哪些暗藏的雷区可能爆炸,使你脱离轨道?

➢ 是否存在需要修复的重要的内部关系?

➢ 你必须避免哪些有潜在杀伤力的文化或政治错误?

文化

➢ 哪些文化成分应该保留?

➢ 哪些文化成分需要改变?

你还应该花时间记录下你了解情况的日程。正如确定一种正式的个人绩效评估流程对组织的工作效果很重要一样,记录下了解情况的日程对新领导来说也很重要,因为这种方法可以把你了解情况的日程变成活的、不断进步的自我发展计划。要认识到,随着时间的推移,会出现新问题、新假设,而同时其他问题和假设会得到解决;把你所要达到的了解情况的目标记录下来,使之帮助你取得过渡期的成功;每周对这些目标重新进行评估,分析这些目标是否和你目前面临的形势相关;有必要对目标进行重新规划,使它们能更好地和前面的挑战结合起来。

制订了解情况的计划

你了解情况的工作决定了你需要了解什么；你了解情况的计划具体告诉你该怎么做，如何把目标转化成具体的行动，这些行动是你新上任最初几个月的主要任务。把了解情况工作中列举出来的目标转化成为行动计划可以通过两个基本步骤来实现：找出最好的信息源和系统地了解情况。

找出最好的信息源

找出最有希望的信息源将使你对组织的工作效率和工作效果有更多的了解。获得指导行动的见解不仅要深入挖掘文件，比如预算、操作手册、规章制度手册、颁布的程序和政策以及任务和策略报告，还要和你的内部直属工作人员以及他们以外的人员联系。但是有些文件和人员可以使你了解更多的情况，所以为了避免花费无用的时间，避免放慢了解情况的步子，可以从以下五个不同的方面考察新组织：

➤ 从外向内。这要求你熟悉预算以及影响职能部门绩效的近期政策和程序指令，还要求你向你的服务和产品的用户、你的供应商以及其他和组织有往来的人咨询。如果你领导的是较大组织里的一个小单位，你可以向内部客户和供应商咨询。他们对组织的看法如何？他们认为组织的优势是什么？劣势是什么？

➤ 从内向外。这要求你熟悉重要的内部运行指令以及员工的个人档案，还要求你向组织内与产品和服务的用户直接打交道的人员和其他利益相关者咨询。组织内部人员和其他利益相关者如何看待你所在的组织的名声？他们认为组织的优势是什么？劣势是什么？他们指出了哪些组织内的其他人员没有提到的问题？如果他们对

第三章

组织的印象和你的外部信息来源传达给你的不同,你认为造成这种差异的原因是什么?

➢ **自下而上。** 这要求你向组织内起关键作用的一线专家咨询。他们对组织的看法如何?他们认为组织的优势是什么?劣势是什么?他们汇报了哪些其他人没有汇报的问题?他们是否了解主要的政策和程序问题以及重要的质量标准?

➢ **自上而下。** 这要求你熟悉高层负责人布置的任务和宣布的战略,还要求你向高层管理人员咨询。这些高层人员对组织的看法如何?他们认为组织的优势是什么?劣势是什么?他们观察到了什么其他人没有观察到的问题?他们的看法和组织较低层的人的看法是否相符?如果不相符,原因是什么?

➢ **从两边到中间。** 这要求你向在组织的较大范围内起协调作用的人员咨询,比如工程和项目领导,相关任务团队和工作团队的负责人,在组织各职能部门之间从事非正式联络工作的人。他们对组织的看法如何?他们认为组织的优势是什么?劣势是什么?他们看出了哪些其他人没有看出的问题?

系统地了解情况

当桑德拉·马丁意外被抛向了一个尴尬处境,解决当时机构最严峻的问题时,她首先处理的一个问题就是她有什么情况不了解。作为一名工程师,桑德拉在理性解决问题方面训练有素而且很有经验;她以一种开放、系统的方式主动出击,应对了解情况时所面临的技术、政治和文化挑战,这使她能够在工作的各方面加速进步。但是并不是只有工程师才能制订出高效率的了解情况的计划。你所需要做的只是集中重点。

一旦你知道要了解什么情况,并且清楚获得见解的有效源泉,下一步就要确定使用哪些方法能够使你最快、最好地了解情况。这意味着你要着力于从和高潜能信息源的一对一的会谈中获得对问题的最深刻的见解。你的计划本质上是一个了解情况的循环过程。在这一过程中,你要对信息进行收集、分析和提炼,提出假设并对其进行检验。这样,你就可以深化对新组织的认识,加快你了解整体情况的速度。

积极倾听

从一对一的会谈中获取最多的信息,要求你使用积极倾听[6]的艺术。这样做的目的一是了解情况,二是让人们看到你的确想寻求更多见解。听(要用心听),本身就是一种有力的说服别人的形式。

为了做到积极有效倾听,你可以采用以下指导方法:

➢ **提出刺激思考性反应的问题。**避免用"是"或"不是"来回答的问题,以及会引起人们对立场的机械重复或防御性反应的问题。"对组织如此迫切需要的系统,你为什么反对?"不是个好问题。而"我知道你对我们现在吸收一种新系统的能力感到担心,你能更多地谈一下你所关心的问题吗?"这样的提问就好多了。在每次会谈之前都花点时间写下几个好问题。

➢ **再三重复主要问题。**同一个基本问题以两到三种不同方式提问(当然,并不是一次性问,而是贯穿整个会谈过程),看看回答是否一致。这样做,通常可以诱使人们说出更多潜藏的不安。当然,这样做的时候要小心——不要让别人觉得你没听清,或者没有用心听!

➢ **总结并检测你的理解。**向对方重复你听到的信息,这样不仅证明你一直在听并且理解对方的观点,而且可以检测你是否真的理解了。要注意,过快地总结并检测理解会使你的做法变味儿,变成你在积极地说服别人,因此你应该小心不要做得太过火。谁都不希望自己的话被误解或歪曲。

第三章

➢ **提出假设,对反对意见进行深层次探讨。**要以这样的形式提问:"假设情况是……,是否会减轻你的不安?"这种提问形式会帮助你更深刻了解阻碍势力的性质和严重程度。这样,积极倾听也为说服别人打开了一扇大门。如果做得好,倾听能够把试图改变别人立场的努力发展成对话,讨论怎样才能沿着你希望的路走下去。

➢ **注意一触即发的反应。**你提出问题并且重复你得到的信息的时候,要密切注意什么能引发强烈的情绪反应,因为这样的反应也能使你了解起阻碍作用的势力。审慎地研究这些反应,你可以诱导性地说:"你好像对……很有感触。"但是也要小心,不要引起不必要的防御性反应。

在积极倾听并且寻求获得指导行动的见解的时候,你应该小心,避免掉入两个常见的陷阱。第一,要避免了解情况时的自我实现的做法,这在前面已经讨论过了。第二,前面也提到了,要避免不经意引起的防御性反应,那会使对方更加坚守自己的立场,而不愿意探索有价值的解决问题的途径。因此,要注意防御性的身体语言(比如,手臂或双腿交叉、把身体从桌子边往后靠);如果观察到了这样的行为,你应该停下来,给对方恢复的机会,然后再重新开始。

使用系统的方法

积极倾听是有效了解情况的基础,它可以使你从每一次互动中获取最多的见解。但是针对一对一互动的顺序制订出一个系统的计划可以使你更加有效地了解情况。这也就是说,要使用水平分割、垂直分割和连接面三角法去获得指导行动的见解。

水平分割指的是和组织里同一级别的人进行会谈。这好比你拿一把刀从一个结构的某个水平面切下去。你这样做的目的是要了解那个级别上的人们的意见和见解有何不同。

为了使谈话具有系统性,你应该设计一些问题,在和这一级别的人谈话时提出。设计这些问题的原因是为你以后的分析和思考提供一个体系。那样做,你得到的反馈才具有可比性。你可以把他们的反馈并排列举出来,再分析这些反馈的一致性和不一致性。否则,你可能面临的风险是,第一个或最后一个谈话人对你的影响过大(社交影响领域的研究者把它们分别称为"首因效应"和"近因效应")。使用同一套问题也能帮助你了解哪些人更坦诚,哪些人不那么坦诚。

为了解释水平分割这一概念,你可以想象一下,你计划和直属下级会面,听取他们对组织的评估。你应该如何做呢?立即把他们召集起来可能是错误的做法,因为有些人不愿意在公开的讨论会上暴露自己的想法。相反,你可以和他们一对一交谈,同时考虑你是否应该按照某种顺序来和你的直属下级见面。

进行这些会面的好的模式包括:简短的开场白,介绍你自己和你的方法,接下来向对方提问(他的背景、家庭和兴趣),然后提出一系列有关组织的标准问题,比如你可以问下面这样的问题:

- 你认为组织正面临的最大挑战是什么(或者在最近的将来将面临的最大挑战是什么)?
- 组织为什么现在(或将来)会面临这些挑战?
- 很有希望的但是还没有被利用的改进工作的机会是什么?
- 组织应该怎样做才能利用这些机会的潜力?
- 如果你领导该组织,你将把注意力放在哪些方面?

以上五个问题,加上仔细倾听和经过思考的后续提问,肯定会使对方说出很多见解。通过向所有人提出同样的问题,你可以判断哪些是普遍的观点,而哪些是有分歧的观点,这样可以避免受与你交谈的第一个

第三章

人、最有影响力的人和最善于表达的人的影响。

人们回答问题的方式也可以使你了解新的团队和它的政治。谁给出直接回答,谁含糊其辞,谁总是答非所问?谁愿意承担责任,谁总是指责别人?谁对组织的看法视野广阔,谁似乎是井底之蛙?

一旦你把这些初期讨论提炼成了一系列观察资料、问题和见解,你就可以召开全体直属下级会议,给出你的印象和问题,请他们讨论。这样做,你可以更多地了解组织正面临的主要挑战以及团队动力的情况;与此同时,还可以向他们证明你已经迅速开始确定关键问题。

你没有必要死板地按照这一程序行动。例如,你可以从组织外部找一个顾问对组织进行诊断,然后把结果和你的团队分享;或者你也可以邀请一个内部助手操作整个过程。关键的一点是,即使是最少量的系统安排——按顺序制订互动(比如和个人单独会面)的行动计划,进行分析,然后召开全体会议——也会极大提升你获取指导行动的见解的能力。当然,你应该根据你要会见的人员的情况对提出的问题进行调整。

垂直分割指的是和组织里不同级别的人会面。它的基本过程和水平分割类似。你要确定不同级别有代表性的人,向他们提出相似的问题,然后总结他们的反馈,寻找规律。

垂直分割特别有助于你了解新组织里自下而上和自上而下的沟通方式的效果。比如,你可以提出这样的问题:"前任经理在调整组织目标方面取得了多大的成效?"为了得到这个问题的答案,你可以从高层人士开始,向他们提出有关任务、愿景、战略和目标的问题,然后逐步往组织较低层推进,向他们提出类似的问题。在员工们不理解自己的工作在整体工作里所起的作用之前,你应该往下推进到组织的哪一层?机构里较低层的员工当然不会和较高级的员工一样视野开阔。但是他们也应该明白自己担任的角色,以及角色与任务、愿景和战略之间的关系。如果他们不明白,那么这意味着你要建立更有力的渠道进行自上而下的沟通。

垂直分割同样可以用来考查组织一线人员对出现的挑战和机遇的意识。首先你可以选择和一小部分一线人员交谈，可以单独谈，也可以以小组的形式，比如在非正式的自带盒饭的午餐时间。这时，你提出的主要问题应该与他们从一线的角度出发得到的观察有关。

然后你要向机构上层推进，向他们提出类似的有关挑战和机遇的问题。这样做的目的是要看看在向上推进的过程中，是否有太多的信息被过滤掉了。下层员工是否看到了重要的问题但是信息没能向上传递？如果情况是这样，你应该排除障碍，保证向上传递渠道的顺畅。

最后，连接面三角法意味着要观察组织和重要的外部团体的主要关系，从两边入手：你的"客户"如何看待组织？他们的看法和一线员工对客户关系的看法一致吗？如果双方都认为组织的绩效很差，你就有工作要做了。如果客户不满意，而员工认为一切都好，你就有更多的工作要做。

水平分割、垂直分割和连接面三角法是了解情况时可采用的许多系统方法中的几个，这些方法都向员工提出了类似的问题，目的是找出规律，发现异常现象，然后求证假设。所以，不要局限于这些方法。你可以思考哪类见解对你最有帮助，然后设计出相应的了解情况的方法。

了解你自己的学习风格

最后，在了解新组织的过程中，你要记住你有自己的学习风格，这是逐步养成的喜欢学什么、怎样学的一系列个人爱好。[7]有些人喜欢通过诸如报告和分析这样的硬数据学习，另一些人则喜欢根据专家的观点作出自己的判断。

有些人是经验型学习者，他们喜欢全身心投入，通过采取行动、观察

第三章

结果来学习。买了一个新软件后,他们很快就装上进行试验,看看自己是否能成功地使用它。另外一些人更注重概念,他们喜欢先观察,对正在发生的事情形成一种模式。他们喜欢阅读说明手册。

为了清楚地了解你自己的学习风格,完成下列"评估你的学习风格"的练习。

评估你的学习风格

一般来说,你更看重硬数据(数字和分析)还是软数据(专家的评估和其他人的观察)?(可能你两方面都依赖,但你更信任哪方面?)

__硬数据　　　　__软数据

一般来说,你更喜欢全身心投入(经验型学习风格)还是喜欢在采取行动之前先观察(概念型学习风格)?(同样,你可能两种方法都采用,但哪一种对你来说更自然?)

__全身心投入　　　　__先观察

你的学习风格对你过渡期潜在的盲点会产生什么影响?

_____

_____

_____

这并不是风格正确与错误的问题。不论你的学习风格是哪种,肯定都有优点,能帮助你加速对情况的了解;也会有缺点,会制造盲点并阻碍你了解情况。这是坏消息。好消息是,学习风格是一种个人偏好,并不是注定不变的,你有机会调整方法。因此,在担任新领导职务的过渡期,你在设计加速了解情况的计划时,关键是要认识到你的学习风格的优缺点。

如果你的学习风格和你面临的形势不相匹配,要想办法进行弥补。这意味着如果形势要求你逆偏好行事,那么你就必须约束自己去这样做。这也意味着要和有不同的、互补的学习风格的人建立起团队和意见网络。

结论

桑德拉·马丁是优秀领导的典范。在没有多少准备的情况下,她接手了一场重大危机,使自己置身于严密监督的环境之下。此时,她证明了在了解情况的过程中制订计划的重要性。假设她采取了更加单边的方式,忽视身边的员工,认定自己知道答案,她的团队就不可能取得这么大的成功。

如果说从本章能得到什么意义深远的经验的话,那就是:不论你对制订的了解情况的最终计划多么满意,你也会对它进行修改。随着你对组织的了解以及自己对新情况的需求的增多,了解情况的日程安排和策略肯定会改变。要作好准备不时重新阅读本章,对了解情况的工作进行再评估并且制订新的了解情况的计划。

快速检测表

1. 你了解情况的日程安排是什么?
2. 你只需要了解组织的技术方面的情况,还是必须还要了解它的文化和政治?
3. 根据你现有的了解,设计出一系列问题,指导你进行初步的情况调查。如果你已经开始对正在发生的事情有了自己的假设,你的假设是什么?你如何对它们进行检验?

第三章

4. 提出问题后,哪些个人和集体最有可能向你提供可靠的指导行动的见解?

5. 你怎样才能提高了解情况的效率?你投入了时间和精力,如何才能获得更多指导行动的见解?

第四章 取得初期成效

乔·拉布(Joe Raab)是位经验丰富的公共服务人员,任某部门主任六年之后,他被提拔为一个30人的金融管理部门的领导。任新职期间,乔不仅负责监管他先前工作的工资支付部门,还负责开账单、应收账款、支出款项,这些工作由其他两个部门负责,它们构成了机构的金融管理办公室,现在都在乔的负责之下。乔的前任专制而固执。乔对这种领导感到愤怒。几年以来,乔因上司的这种风格和上司发生过激烈的争执。乔还经常从雇员和同事那里听到对上司的抱怨。所以乔被提升之后,他把改变部门文化确定为首要任务,并着手设计更具参与性的方式,实现部门目标。

乔对部门的工作和人事非常熟悉,因此他觉得能快速制定并且执行更全面的领导策略。他相信自己能更好地利用员工的经验,更好地激励员工改善部门的运作方式,最终提高部门的生产力——这在最近削减预算和裁减员工的形势下是个必要的目标。乔急于给部门工作带来积极的变化,他一天几小时把自己关在办公室里,研究参与型管理模式文献,准备制订计划。上任第一个月月底,乔召开全体员工会议,宣布了制定的战略。

乔的行动计划有三个主要支柱:第一,更加强调独立性和绩效问

第四章

责制；第二，处理员工绩效问题时，负责人有更多的灵活性；第三，负责人更多参与部门目标的制定，强调实现目标的问责制。乔完成了30分钟的发言后，他要求大家提问。与会人员的反应使他大吃一惊，他们并没有表现出他期待的热情；相反，他们一开始很沉默，然后大家对他的行动计划表达了自己的怀疑。针对大家怀疑的原因，乔试图提出一些探询性的问题，但是大家的回答要么闪烁其词，要么含糊不清。乔感到很沮丧，于是结束了会议，回到自己的办公室思考发生了什么。

到底发生了什么？虽然乔蔑视部门以前的专制文化，但是他没有充分考虑到，在他接任部门领导之前的许多年，员工们已经在很大程度上适应了这种文化。多年以来，他听到的非正式的抱怨对他起了误导作用，他低估了员工们适应"按照命令去做"这种环境的程度，高估了员工们立即理解改变那种环境的好处的可能性。

换言之，乔认为自己正在领导的是一个处于扭转局面形势的组织，而实际上所需要的可能只是重新调整。结果，在雇员和负责人看来，乔在全部门强调个人问责制的开明的想法增加了个人风险，很可怕。虽然乔有在该组织的工作经验，但是他认为，每个人对组织现行的文化和他有同样的想法。现在他要打一场硬仗，向人们宣传他的观念，他本来认为这些人会欢迎他的想法，但事实上他们认为整个事情即便不是危险的，也是不可行的。获得重大成效的努力一开始就失败了，这在一定程度上使乔在员工中间失去了威信，并且威胁到他想使之成为任期标志的长期的工作改进。

乔想很快使部门摆脱前任专制的管理风格，取得初期成效，从而赢得员工的信任，并且向新组织证明部门正在发生有利的变化。在这一点上，乔是对的。然而，他没有考虑到以正确的方法获得那些初期成效的重要性。新领导尤其要避免初期的损失，因为一旦出现了错误,想要逆转就很难了。

创造良好的开端

随着你对新组织有了更多的了解,你可以开始把注意力更多地放到确定目标、开始营造发展势头上。然而,你这样做的时候,要小心避开新领导可能掉入的常见的陷阱。

➢ **不进行调整以适应文化。**虽然从外部进入到新机构的领导最有可能掉入这样的陷阱,但像乔这样的机构内部人员也可能受此影响。外部人员可能会认为自己在前一次任务中经历的文化在其他地方都是一样的,而内部人员可能会认为,组织中的每个人对事情的看法都和自己一样。不论是哪种情况,对文化只作出假设而不去求证是很危险的,它可能使你在最薄弱的过渡期遇到难题。

➢ **重点不集中。**在过渡期,你很容易去处理过多的问题,这样做的结果可能是破坏性的。你可能会同时朝不同的方向前进,使你的上司、下属和支持者感到困惑。过渡期,你只能期望在几个领域取得成效。因此,找出前景好的机会很重要,然后,坚持不懈地把这些机会转化为成效。

➢ **误读形势。**研究中我们发现,政府项目新任领导过渡期失败的最主要原因是误读了新任务中他们面对的形势。乔的经验告诉我们,什么是初期成效在STARS模型的各种形势下答案是有很大差异的。在重新调整阶段,针对组织和它面临的挑战与人们进行交谈是很大的成效,但是在扭转局面阶段就是浪费时间。因此要尽早对形势进行仔细判断。

➢ **没能取得关键成效。**取得能激励你的下属的初期成效很重要。但

第四章

是你的上司对什么是有价值的东西的想法也很值得重视。要记住明确期望的重要性。即使你不完全支持上司对重点的看法,你在确定追求的初期成效时,也应该重点考虑上司认为的重点。处理上司认为的重要问题对你取得上司的信任有极大的帮助,也能使你更轻松地获得资源。

> **让手段毁了你的目标。** 过程很重要。如果你用一种别人看来是控制性的、不正大光明的或者与现行文化不相符的方式取得了重大成效,那么你会给自己带来麻烦。因此,获得初期成效的方法和成效的内容同样重要。如果初期成效的取得反映了你想灌输给新组织的行为,那么这就达到了双赢的效果。

> **为取得初期成效本身而努力。** 毫无疑问,你需要取得初期成效来建立发展势头,但是摘取挂在树上最低处的果实的诱惑非常大。这种初期成效的问题是,你可能获得了一些初步的发展势头,但是最终这种势头会逐渐减弱,因为你没有为更持续的绩效提高奠定基础。因此,你取得初期成效的努力必须和你努力想实现的更广泛的目标结合起来,这些目标可以是远期的也可以是近期的。如果初期成效既能为你尽早营造发展势头,同时又能为实现长期目标奠定基础,就最理想了。

制订成功的计划

图 4-1 是一个目标网格,它总结了确定目标以及确定在哪方面以怎样的方式取得初期成效的过程。网格的横向界定了时间范围:第一行是一年的目标,第二行是初期成效目标。表格的纵向,左排是你想实现的具体绩效目标,右排是支持实现目标的行为变革。网格中的数字说明在第一轮计划中执行关键任务所应采取的顺序。

取得初期成效

图4-1 目标网格

	绩效目标	行为变革目标
一年	①	②
初期成效	③	④

第一步：确定一年的目标

从目标网格中左上方的格子开始，这涉及年终想实现的具体绩效目标。一年的期限有点武断，你应该根据情况进行调整。关键是要制定一个足够远的期限，实现重大的绩效目标，但是这个期限又不能远到使你不能制订现实的计划。

你制订的一年计划应该有具体的目标指导你的工作，使你既能取得初期成效，又能为进一步提高绩效奠定基础。明确的目标能促使你向前进。关键是，它们能帮助你避免因解决突发事件或者为取得初期成效而采取过于权宜的做法以致陷入困境。

所以，从一年内要实现的目标入手，回答下列问题：

➢ 12个月内你要完成的最重要的几件事是什么？
➢ 你将采用怎样的工作评价体系来评估你取得的进步？
➢ 是否有需要实现的中期目标或重大转折点？

你应该尽可能详尽、精确地描述成功。当然，你应该考虑到你所了解到的上司认为的"必须做的事情"以及关键利益相关者的期望。你还要记住STARS模型的分析结果。针对STARS模型中的各种不同因素，

69

第四章

你想努力实现什么？

第二步：确定支持性的行为变革

接下来考虑目标网格中右上方的格子——对你一年目标的实现有支持作用的行为变革。要从判断组织员工的行为体系是否会对你提高绩效的工作造成不利影响入手。你需要处理哪些具体行为问题？下面是一些不能发挥作用的行为的例子：

- **关注点在组织内部。**过分关注内部,过多使用内部确定的绩效评价标准,对客户重视不足,缺乏对高绩效组织的基准化分析。
- **松散的问责制度。**决策的制定过程分散了责任,以致没有人对令人不满的绩效负责。
- **内部冲突。**组织内部团体或个人之间不断的冲突消耗了集体力量,损害了绩效。
- **自满。**绩效标准过低以及在此标准下绩效的长期达标使人们不再有改进工作的紧迫感,也忽视了它的必要性。

根据你对必须的行为变革作出的判断,你认为到年底人们的行为将会有怎样的变化？你怎样才能保证你为提高绩效采取的行动不会对你创造高成就文化的努力产生负面影响？你仍旧应该尽可能详尽、精确地了解不能发挥作用的行为以及你希望的行为变化。

第三步：制订取得初期成效的行动计划

下一步来看网格左下方的格子,确定取得初期成效的行动计划。这样做的时候要记住,初期成效能在短期内帮助你建立发展势头,同时也能为实现长期目标奠定基础。

要取得初期成效,最好考虑那些能够在花费最小的情况下得到合理解决而且还能在运营和财务收入方面为机构带来明显收益的问题,比如工作过程中阻碍组织生产力的瓶颈。最多确定两到三个你能快速改进的主要问题。如果采取过多的行动，你就会失去重点。但是不要把鸡蛋放在一个篮子里：要建立初期成效行动计划模型，这样，某一领域的成功会弥补其他领域的失败。

要把目标转化成取得初期成效的行动计划，可以按照下列指导原则行动：

➢ **记住你的长期目标。**为取得初期成效而采取的行动应该最大可能地奠定实现一年计划的基础，并且支持你为改变员工行为所做的努力。

➢ **确定有希望的焦点问题。**焦点问题就是一些领域或过程，在这些领域或过程里取得的进步能极大地改善组织的整体运行状况。尽可能多地找出这样的机会。

➢ **把精力集中在最有希望的焦点问题上。**把精力放在你确定的几个焦点问题上会减少你取得实际成效所需的时间和精力。尽早提高这些领域的绩效会为你继续更大范围的变革赢得自由和空间。

➢ **开展初期成效项目。**设计行动计划，把目标定在你选定的能立即着手处理的焦点问题上。成功的初期项目可以带动你的整个计划，激发员工，并且取得可以报告给上司的真正的进步。

➢ **提拔变革积极分子。**确定组织各阶层里的哪些人有干劲、动力和真知灼见，从而促进你的工作。让他们担任领导角色，对他们的成功进行嘉奖。

在计划获得初期成效的时候，你要记住成效在 $STARS$ 模型的各种形势下是有很大的区别的。在开创局面的形势下，初期成效是设计出协调的策略，对组织做什么，更重要的是不做什么作出规划。在扭转局面的形势下，初期成效是稳定局面的初步行动并且制订计划；单单是你上任这件事，尤其是如果你还建立起了工作颇有成效的名声，同样也可以算做初期成效。（这是我们根据调查得出的结论。我们采访的几位管

第四章

人员说,他们在组织绩效失败后被任命到新的领导岗位,他们的出现本身就是初期成效,因为他们要么是成功地竞争上岗,要么就是被上级挑选去改进组织的工作。不论是哪种情况,他们都觉得自己是带着大家的信任走马上任的。)在重新调整阶段,你的上任并不是初期成效,而成功地唤醒了人们的变革意识肯定是初期成效。在维护成功阶段,你只需要花时间了解组织获得成功的原因,让大家知道你已经熟悉了情况,他们能够信任你作出的决定,这就是很大的初期成效。

第四步:利用初期成效促进行为变革

最后一步我们来看网格右下方的格子——追求初期成效有助于在组织内部建立新的行为模式,以帮助你实现年终行为变革的目标。注意,在这个格子里有两个箭头把它和周围的格子连接起来,这表明你制定的项目应该既能促进你取得初期成效的计划,同时又能推进行为变革的长期目标。

你取得初期成效的方法——如何取得初期成效以及如何在需要的地方得到其他人必要的支持——是开始在组织里建立新的行为模式的重要工具。而改变行为是改变组织文化中不能发挥作用的因素的关键第一步。因此,你应该尽可能作出努力取得初期成效,把新的工作行为引入组织。例如,如果你正在试图提高组织里一个关键流程的绩效,那么你可以考虑建立一个流程改进团队,采取严格的流程改进方法。这样做,你可以在组织中引入新的纪律,同时提供行动学习的经历,人们可以通过这一经验学会使用新的方法。这样,你可以为后续的流程工作改进确立一个样板,将来可以更好地了解情况。

更概括地说,你应该把取得初期成效的行动计划当成项目看待,运用严格的项目规划方法来实现你的行动计划。下面总结了一系列计划指南,帮助你安排要实现的每一个大的行动计划。

取得初期成效

- ➤ **重点**。该项目的重点是什么？具体的目标和期限是什么？
- ➤ **监督**。你如何对该项目进行监管？为了获得对取得的成效的认可，还有谁应该参与监管？
- ➤ **目标**。你的目标和中期转折点是什么？实现这两个目标的时间期限是什么？谁对整个项目的各个方面负责？
- ➤ **领导权**。谁来领导项目？如果需要的话，他们应该接受什么培训才能获得成功？
- ➤ **能力**。拥有怎样的技能和代表性的人应该被考虑进来？谁因为自己的技能和知识而应该被考虑进来？谁因为代表着重要的支持者而应该被考虑进来？
- ➤ **方式**。团队还需要其他什么资源去取得成功，比如辅助物？
- ➤ **过程**。是否有你希望团队成员采用的变革模式或系统过程？如果有的话，成员如何才能熟悉这种方式？你怎样才能保证他们有条不紊地使用它？

你在进行这样的计划的时候，要记住你所选择的行为变革方式是为组织的机构、过程、技能——最重要的是为形势——服务的。我们来看看在促进扭转局面阶段和重新调整阶段推行为变革所表现出来的不同。在扭转局面阶段，你面临着时间压力，需要快速确定并掌握组织的中心任务。通常，可行的办法是引入新人并且建立项目团队来执行具体的绩效提高计划。然而，在重新调整阶段，你一开始不应该有十分明显的行为变革方法。例如，通过调整绩效衡量标准，开始基准化分析，你可以为让全体员工思考如何重新调整工作打好基础。

最后，你要记住你的总体目标：建立良性循环，强化良好的工作行为，帮助你实现长期的提高绩效的目标。记住，你的目标是取得相对来说适度的初期成效，从而为以后更大的变革奠定基础。

第四章

和组织进行沟通

　　目标网格的完成有助于你发现具体的机会,获得对绩效可以产生极大影响的初期成效。但是,你只有在了解情况时更上了一级台阶,才能真正开始这种计划。然而,你仍然能够在任期之初取得一些成效。甚至在你了解情况并制订计划的过程中,你也应该注意那些带给你小的成功的机会,以及发出正在发生变革的信号的机会。这样的小的成功会为你赢得个人信誉,接下来又会给你带来更多机会去完成取得初期成效的行动计划。

　　人们常说,只有给别人留下了好的第一印象你才能获得机会。因为你最初的行动会极大地影响别人对你的看法,所以你应该好好想想怎样和新组织进行沟通。要牢记乔·拉布的经验:即使你是一个被提拔的内部人员,因为身份的改变,你和组织的关系就发生了变化,需要重新评价。关于你的身份以及你代表什么,你想传达怎样的信息?传达这些信息的最佳方式是什么?要确定关键的沟通对象——直接下属、其他雇员、主要的外部客户,并且精心设计一些适合每个人的信息。这些信息不需要涉及你的计划,这还为时过早;这些信息的重点应该是你的身份、你代表的价值观和目标、你的风格,以及你希望以怎样的方式管理团队。

　　还要思考你的沟通模式。新上任时你如何介绍自己?你和直接下属的第一次会面应该是集体会议还是个人见面?会谈是非正式的熟悉见面会,还是集中讨论任务?如果组织在其他地方还有工作场所,会面将如何进行——你到那里去,还是邀请那里的人到你办公室来?

　　随着你在沟通方面取得进步,你应该找出组织里那些小的令人不快的事情,并尽快解决。如果以前存在紧张的外部关系,要集中精力对此进行修复。停止多余的会议,缩短冗长的会议,解决个人空间问题。所

取得初期成效

有这一切都有助于你尽早赢得信誉。

你上任的时候,人们很快开始评价你和你的能力。你是否有信誉将取决于人们怎样回答下列与你相关的问题:

➢ 你是否表现出作出强硬决定所需的洞察力和沉着冷静?

➢ 你是否表现出人们认同、欣赏并且想仿效的价值观?

➢ 你是否精力充沛?

➢ 你对自己和他人的绩效是否保持高水准的要求?

组织里的人将根据为数不多的资料开始形成对你的看法,这些看法可能公正,也可能不公正。你初期的行动,无论好坏,都将影响人们对你的看法。一旦人们对你形成了固定的看法,要改变就很难了。看法的形成过程是相当快的,那么你怎样赢得个人信誉呢?一定程度上,这是如何有效推销自己的问题。你希望人们把你和具有吸引力的品质联系起来。怎样才能做到这一点,没有唯一正确的答案。然而,一般来说,新领导具有以下品质时,他们就会得到信任:

➢ **要求严格又懂得满意。**有效的领导敦促人们作出现实的承诺,然后使他们坚守自己的诺言。但是如果你对他们从来都不满意,你就会使他们失去积极性。

➢ **能让人接近又保持适当的距离。**让人接近并不意味着员工可以随时来找你,它意味着以保持你威信的方式让人们接近你。

➢ **决断又审慎。**新领导在展示他们的领导能力时,千万不要在自己还没有准备之前就过快地作出决定。在过渡初期,你要表现出决断力,但是在了解了足够多的情况之前不要作出决定。

➢ **专注又灵活。**要避免形成恶性循环,避免让人觉得你很僵化,不愿意考虑用多种方法解决问题。有效的新领导能通过找准问题、咨询他人,并鼓励信息输入来建立威信。

➢ **积极活跃又不制造混乱。**营造发展势头与压垮员工之间的界线并

第四章

不明显。应该既让工作见成效,又不让人们感觉精疲力竭。

> **喜欢发出强硬的命令但也很人性化。**初期你可能要发出强硬的命令,尤其是你在处理削减预算和裁员问题时。有效的新领导会做需要他做的事情,但是他们的做事方式会考虑到别人的尊严,别人会认为他很公正。

然后还要考虑舆论在你努力赢得信誉过程中的力量。领导者初期采取的行动通常会引发强有力的舆论,把他们定义为英雄或恶人。为了使舆论朝着积极的方向发展,要寻找并利用施教时机(teachable moments)。如果某些行动能清楚地显示你正在干什么,还能为你想鼓励的工作行为树立楷模,那么施教时机便可以选择在这些行动的过程中。它们并不一定是激动人心的陈述或激烈的冲突。

领导变革

虽然在大部分政府部门中,重大的变革通常会受到各种法令、规章制度和其他方面强制性约束的限制,但是积极的变革是完全可能的。许多有着杰出领导才能的公共部门的负责人,改进了机构提供的公共服务的质量。许多这样的例子都证明了变革的可能性。因此,在开始制订重要的初期成效计划并且要取得这些成效时,你要十分清楚哪种策略最可能成功,这点非常关键。你要牢记两种区别:计划性变革与集体了解情况的区别,以及态度变革与行为变革的区别。

计划性变革与集体了解情况

一旦你明确了需要解决的最重要的问题或事务,下一步就要决定是采取"制订计划,然后执行计划"这样的变革策略,还是动员全体人员了解情况以激发他们对要解决的问题的意识。[1] 如果你能得到下列五个方面的支持,那么"制订计划,然后执行计划"这种直接的变革方法会很有效。

  1.**意识**。大部分人有变革意识。

  2.**意见一致**。你和其他关键人士都了解变革的内容和原因。

  3.**愿景**。你有令人信服的愿景和完善的战略。

  4.**计划**。你拥有制订一份详尽计划的专业知识。

  5.**支持**。你有足够强有力的同盟支持计划的执行。

  "制订计划,然后执行计划"的变革方法在扭转局面阶段可能很有效。例如,当人们承认存在问题的时候,补救措施更多是技术方面的,而不是文化或政治方面的,而且人们也急于找到解决问题的办法。然而,上述五个条件哪怕其中一个没有得到满足,纯粹的"制订计划,然后执行计划"的变革方法都可能是陷阱。比如,如果你面临的是重新调整阶段,人们对变革的必要性、变革的实际价值,或者变革的潜在利益持否定或抵制的态度,那么你的计划很可能就会像乔·拉布的一样遭到怀疑。因此,你需要唤起人们对于变革必要性的意识,加强对问题的诊断,形成令人信服的愿景和战略,或者创建更强有力的支持者同盟。

  为了实现这些目标,你应该集中精力设立一个集体了解情况流程,而不是制订变革计划并强制执行。比如说,如果组织里许多人故意对出现的问题视而不见,你就得启动一个能打消他们的这种抵制情绪的流程。但是你不应该发动正面攻击,而应该采用更巧妙的方法,目的是要提高人们对组织里存在的问题的意识,以及由此而引起的变革必要性的意识。

  集体了解情况的方法可能包括:让关键人物了解新的运作方式并对机构的任务进行思考;对其他非常成功的组织进行基准化分析;让员工参与工作现场外头脑风暴会议,讨论主要目标或者改善现行工作流程的方法。

  下一步的关键是要找出变革过程中的哪些问题通过制订计划得到

第四章

了很好的解决,哪些问题通过集体了解情况得到了更好的解决。使用图4-2作为指导,思考你应该如何有效地在组织内开展变革。

图4-2 判断领导变革的方法

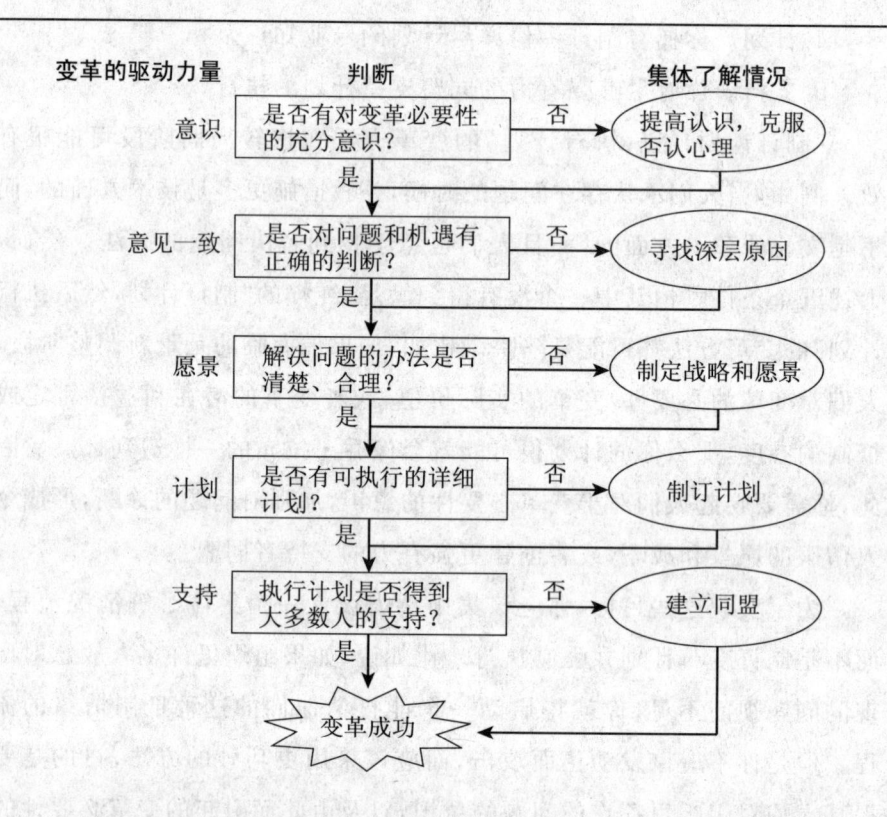

变革的驱动力量	判断		集体了解情况
意识	是否有对变革必要性的充分意识?	否→	提高认识,克服否认心理
	是↓		
意见一致	是否对问题和机遇有正确的判断?	否→	寻找深层原因
	是↓		
愿景	解决问题的办法是否清楚、合理?	否→	制定战略和愿景
	是↓		
计划	是否有可执行的详细计划?	否→	制订计划
	是↓		
支持	执行计划是否得到大多数人的支持?	否→	建立同盟
	是↓		
	变革成功		

态度变革与行为变革

你在制订计划以取得初期成效时,要记住你采用的方法和你想达到的目的同等重要。你为取得初期成效而制订的行动计划应该建立起新的行为准则,从而起到一种双重作用。在改变组织的过程中,你很可能也改变了它的某些文化。

改变文化是一项艰巨的任务,组织里可能存在需要你去破除的根深蒂固的坏习惯。我们都知道,对个人来说"江山易改,禀性难移"。因此,不要专注于改变相互之间起强化作用的一群人的习惯。不久前,政府和非公共领域的负责人为了排除少数族裔和妇女在发展和进步方面所遇到的障碍,适应环境和生产安全保障方面的进展,以及完成其他许多当时有争议而又难以完成的任务,他们也不得不解决这一问题。在取得成功的过程中,他们学到了非常有价值的经验:简单地废除现行文化、一切重新开始并不是正确的方法。

员工(和组织)对一次能接受的变革的量是有限的。而组织的文化虽有不足但也有长处:它使人们能对事情进行预测,而且能给人们带来自豪感。如果你发出的信息是当前的组织和它的文化一无是处,那么你就使人们在变革时期失去了重要的稳定性源泉。你也使自己失去了可以用来提高绩效的能量源泉。

关键是要确定现行文化可取的方面和糟粕的方面。去除糟粕方面的同时要奖励可取的方面。现行文化中的这些可取的方面在工作中是一座桥梁,通过它人们能从过去走向未来。

制作波纹图形

最后,为过渡期和以后的工作制订计划的时候,你可以利用约翰·加巴罗(John Gabarro)所描述的连续性变革曲线思考问题,如图4-3所示。[2]该图绘制出了一位领导在一段时间里进行的变革的强度。你看到的是一系列波纹,每一个波纹包含了以下四个方面的努力:(1)了解组织;(2)制订变革计划;(3)执行计划;(4)观察结果并从中总结经验。变革强度的下降让你有机会去了解什么产生了作用,而什么是无效的(如果你持续进行变革,要了解这些就很难),也使人们有机会喘口气,庆祝

第四章

成功。

图 4-3 变革曲线

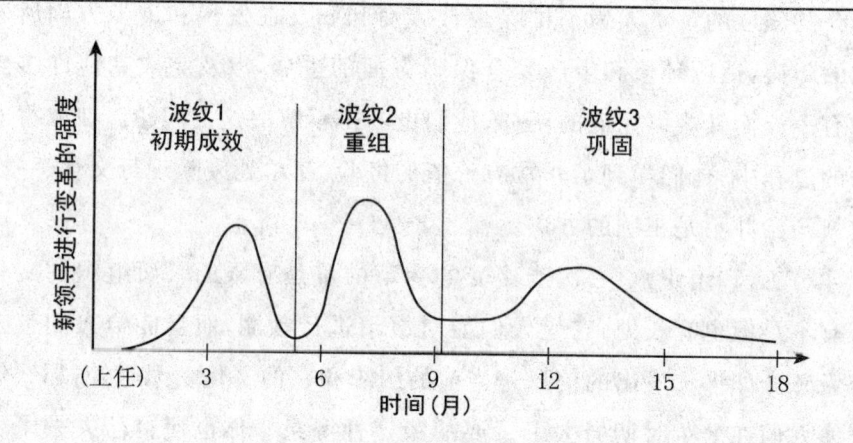

```
新领导进行变革的强度
        |
        |    波纹1      波纹2      波纹3
        |   初期成效    重组       巩固
        |
        |_____→
      (上任)  3    6    9    12   15   18
                      时间(月)
```

在第一个波纹中,你了解情况,制订计划,执行计划,进行观察,以取得初期成效。本章前面讨论过,你应该调整你早期的行动计划,以赢得个人信誉,确定主要关系,利用高潜能机会在短期内提高组织的绩效。如果做得好的话,这有助于你建立良好的发展势头,并且深化你对情况的了解。

第一阶段为第二个波纹中进一步了解情况以及取得可能的、有更深刻意义的变革创造条件。这个波纹通常解决诸如重组所需的战略、结构、体系和技能等根本问题。这发生在组织的工作取得了真正的成效以后。但是如果没有第一个波纹中获得的初步成果,就不可能取得这些成效。

如果你很成功,如果组织的环境保持稳定,你可能会进入到第三个波纹中,巩固你之前的努力。反之,你就需要进行更加根本性的变革。

但是,应该懂得,STARS模型每一种形势下的变革模式都有很大的差异。在时间为关键因素的形势——开创局面和扭转局面的形势下,你应该尽早开始第一个波纹。正如组织员工所认识到的那样,变革在这种形势下更为激烈。相反,在重新调整和维护成功的形势下,你在开始第一个波纹之前有更多的时间了解情况和制订计划——乔·拉布本来可以从这个经验中受益。

结论

初期成效是成功过渡的最重要因素,因为如果没有这些成效,你就失去了赢得关键的个人信誉的机会,也失去了为长期成功奠定基础的机会。但是,初期成效虽然很重要,它们本身并不能保证你长期绩效的提高和行为变革的成功,它们应该被看成是迈向未来的关键第一步。回答下列快速检测问题会使你相信你有了良好的开端。

快速检测表

1. 长期内,你在绩效提高和行为变革方面的重点是什么?你在过渡期所做的事情和它们有怎样的联系?
2. 对你初期提高绩效的努力来说,什么是最有希望的重点?
3. 考虑到你需要完成的任务,什么是绝对必需的资源?如果资源不足,你会放弃什么?更丰富的资源对你有什么好处?
4. 在过渡期,你能做什么开始对行为进行建设性的变革?
5. 考虑到你希望实现的变革,在哪些领域你需要采取"集体了解情况"的方法,而在哪些领域你可以依赖"制订计划,然后执行计划"的方法?
6. 考虑到你所处的形势,你将实行的变革的时机和波纹波动程度是什么?

第五章　建立团队

朱莉·戴维斯（Julie Davis）曾经是一位采购专家，她因为自我决断力以及不需要过多指导就能可靠地完成复杂任务为自己赢得了声誉。她在所任职的机构里职务迅速上升。然后，她被提拔为一个新的采购组织的领导。由于削减预算和最近的机构重组，以前的两个部门合并而成了这个新的组织。以前这两个部门的员工由办事人员、管理人员和合同管理专家组成，这些专家直接监督机构各合同商的工作，并且负责工作完成后费用的支付。朱莉负责机构的IT和建筑采购，这是她非常熟悉的任务，但是她还要负责直接管理十位新分配来的员工。朱莉第一次接受管理任务，她急于想开展工作。

朱莉在自主的管理环境下工作得很出色，她对曾经听同事抱怨过的那种微观管理非常小心。因此，她决定在管理新员工时采取宽松的管理方式。她将宣布工作重点，确定目标，分配资源，但是除此以外，她相信，如果能留给每个员工一定的完成任务的自主权，就更能调动他们的积极性。

六个月之后，朱莉从一次全面绩效评估上吃惊地得知，虽然她的上司和同事对她的工作提出了表扬，但是一些合同商和主要内部客户指出服务存在问题，她的许多新员工也批评她对他们工作中出现的问题漠不

第五章

关心。虽然有些员工很喜欢给予他们的自主权,但是由于缺乏指导,大部分人都变得不愿意冒险。结果呢?因为员工们不清楚工作方向,向新上司寻求指导又让他们感到很不舒服,因此重要的合同管理问题常常没能得到解决。而且,当朱莉努力想要追溯客户申诉的来源时,她发现她的不插手的方式使她不能对员工作出充分的评价。结果,她弄不清楚,申诉是由于员工工作不得力,还是由于缺乏足够的员工培训和指导。

得知这一切以后,朱莉敏锐地作出决定,对自己的工作方向进行中期修正。她避免微观管理的意图是好的,但是大部分员工并不认为这是有益的,而且朱莉担心它正造成客户的不满。所以,她开始从新的角度看待建立团队的任务。首先,她会见每个员工,和他们讨论她得到的反馈,使他们相信她理解并且接受这些反馈,她还向他们征询改进的意见。

然后她安排了一天非现场会议,回顾了公司过去六个月的工作情况,找出了成功和存在问题的地方,确立了下半年的工作目标,形成了大家一致同意的实现目标的方法。这次会议的结果不仅使小组和个人清楚了工作目标,而且使朱莉亲眼目睹了员工的动力,能更好地对相关的个人进行评估。

一回到工作岗位上,朱莉和每个员工召开了一系列发展计划会议,和他们讨论接下来六个月的计划所需的个人培训要求以及员工长期的事业抱负。朱莉考虑了对谁干什么工作进行调整,但是她明智地决定在对结构进行大的调整之前给员工更多的时间,让他们在她的新方式下得到发展。

到接下来的六个月结束的时候,对朱莉的全面评估结果发生了变化。合同商或客户不再提出申诉,事实上,他们中有人对过去六个月中所感受到的响应性方面的进步还提出了表扬。而且,朱莉得到了员工有力的支持。

朱莉很幸运,她敏锐地意识到,她最初的领导方式和自己的期望相悖，于是她快速采取行动扭转局面，把问题转化为成功。然而，能力稍欠缺的领导可能会自我袒护，他们会指责员工没有作出"正确的"反应，这样做只能使局面更加糟糕。而朱莉选择了在中期对领导风格进行修正，更加注重员工，此时她不仅表现出了一个领导者的敏锐，而且极大地提高了团队绩效，也提升了她作为一个值得信任的领导的地位。

中途修理飞机

在政府部门应对各种形势，即使是在开创局面的形势，新领导的能力都会受到一些限制，使他在开始的时候不能按照自己的想法给组织配备人员。这些限制可能是预先制订好的预算和人事分配，也可能是新领导上任以前就完成了的一些工作稳定人员的调动和聘用，甚至可能是影响人员配备模式和工作程序的劳资协议。因此，大部分像朱莉一样的公共管理人员至少在短期内不得不凑合着使用他们接手的人员。然而，他们一定不要像朱莉一开始时那样忽略团队建设的重要性。

在政府部门建立团队是过渡期的一个主要挑战，这好比在飞行途中修理飞机。你到达的时候，飞机（即现有的团队）已经处于飞行的过程中了。你得非常小心，不要过早地进行太多的改变。毕竟，还有工作需要做。团队成员，即使那些相对比较弱势的成员也可能掌握了必要的关键知识能让飞机在空中继续飞行。所以，你要很小心，不要过快地进行过多的变革，以免引起飞机坠落。

同时，你也很容易得出这样的结论，你没有很多工作可做来重组你接手的团队。然而，得出这样的结论是非常错误的，因为人员是你完成工作的最重要的资源。弱小的团队要么绩效很差，要么会给你的治理整顿和继续工作带来无法承受的负担。我们应该承认，对团队进行变革是很困难的。与企业的同行们相比较，公共领域的管理者领导变革时还在

第五章

另一领域面临更多的限制。但是要清除工作绩效确实很差的人也不是没有可能,这需要耐心和时间。

要建立团队,就要从评估团队入手。对已有的团队进行彻底的评估会为你提供必要的基础来制订重组计划。这种评价反过来又可以帮助你估计团队的潜能,在必然受现行制度限制的范围内,实现目标、措施和奖励等方面的富有成效的变革。与此同时,你可以评价团队主要的工作流程,比如那些涉及信息共享和决策的过程,并对它们进行变革。当然,好的工作流程并不能使劣才成器,但是能帮助你弥补能力差的员工的不足,并利用能力强的成员的优势。像朱莉一样实行更强大的绩效管理体系,能够极大地提高员工的绩效。

评估新团队

不论你何时担任组织新的领导职务,你接手的员工中可能有些人工作出色,有些人能力一般,还有一些人需要大幅度提升能力。你接手的团队有自己内部的态势和政治——事实上,有些成员甚至曾经希望能被选中担任你现在的职务。因此,在上任的头几个月,了解谁是谁,每个人的职责是什么,以及团队以前的工作情况很重要。

制定评价标准

你和团队成员见面的时候,肯定会对他们形成自己的印象。这些初步印象很重要,但是不要受它们的控制。在对个人的绩效和潜能作出最后的判断之前,需要进行更严格的评估。

为了能够深入、公平地评价团队,你要制定评价标准。你将根据什么来评价团队成员?哪些特质比较有价值?而哪些不那么有价值?新领导中很少有人对自己使用的评价标准有清楚的认识。这会带来一定的隐患,因为你的评价标准应该取决于你面临的形势。关于这一点,我们将在后面进行讨论。

一开始时,你可以从下列标准入手:

➢ **能力**:这个人是否有必备的技术能力和经验完成工作?

➢ **判断力**:面临时间很紧张或者信息不明确的情况时,这个人是否能作出正确的判断?

➢ **工作热情**:这个人干工作时是精力充沛还是无精打采?

➢ **专注度**:这个人是能够确定重点并且坚持围绕重点来工作,还是很容易三心二意?

➢ **人际关系**:这个人是能和团队成员友好相处并支持集体作出的决定,还是很难合作?

➢ **诚信**:你是否相信这个人会守信用,并且能履行自己的承诺?

为了能快速了解你使用的标准,完成表 5-1 的内容。根据你评价直接下属时所使用的相对权重,六个标准的总分是 100 分。把分数填在中间一排,确保各项分数加起来是 100 分,然后把其中的一项定为阈标准。如果某个员工在这方面连最基本的分数也达不到,那么其他各方面就不用谈了。在右边的一排用星号表示阈值问题。

现在我们停下来想一想,这个表格能否精确地代表你评估团队时希望使用的价值观?如果能,那么这种分析能否显示你的评估方法中的盲点?你对阈值问题的选择很关键,我们以后会对此进行进一步的讨论,你选择时应该小心。

对下属你能改变他们什么,不能改变什么,你的评估可能包含这方面的某些假设。例如,如果你在人际关系方面得分低,判断力方面得分高,你就可以这样认为,你能够影响团队的人际关系,但是不能影响某人的判断力。同样,你可能把诚信当成阈值问题——许多领导就是这样做的——因为你认为你必须对你的下属有信任感,因为你认为可信性是不

第五章

能被改变的品质。

这种做法可以对朱莉产生怎样的帮助,使她避免初期所选择的领导策略的不足之处呢?如果她采取了这种做法,她就可以很快了解到,她的员工是会像她的不插手的方法所假定的那样能够独立地完成工作,还是在来到新机构面对新领导后的最初阶段需要更多的安排和指导。而且,她还可以尽早了解到员工中谁的工作可能存在问题,并且可以通过重新分配工作,把更重要的工作布置给那些在她的领导体系下最可能出色完成工作的员工等方法进行弥补。这样,在过渡阶段,合同商和客户的不满就可能得以避免。

表 5-1 评价标准分级表

评价标准	相对权重 (六个方面总分 100 分)	阈值问题 (用星号确定一个方面)
能力		
判断力		
工作热情		
专注度		
人际关系		
诚信		
	总分　100	

考虑形势

根据你所处的 ST_ARS 模型的各种形势的不同,你的评价标准应该在多大程度上存在差异?不同的可能性很大。比如,在维护成功的形势下,你可能在团队里发展一两名有很高潜质的成员。而在扭转局面的形势下,你需要立即就能有出色表现的人。同样,在开创局面的形势下,你可能愿意失去一定的信任,换取员工高昂的热情和专注的工作。而在重新调整阶段,你需要那些有变革意识的人,但是并不一定要求他们的变革意识和在扭转局面状态下一样快。花点时间思考你将采用的新团队的评价标准,这是很有意义的。进行思考后,你会作好准备进行严密、系统的评估。

朱莉·戴维斯失去了早期存在的机会,没能明白她所面临的是重新调整和维护成功的混合形势。如果她能在确定领导策略之前花点时间对新员工进行评估,她就能更好地了解员工的要求,并且能够在保持高水平客户服务的同时,花更多的时间传达自己的变革愿景。

对个人进行评估

对将要采用的标准有了更深刻的了解之后,你应该对直接下属进行个人评估。第一步要检测员工是否没能满足你的阈值要求。这就是在评估过程中确定阈值标准如此重要的原因。例如,你把技术能力作为你的阈值要求,你必须仔细考虑像出错率这样的指标。你需要和你的客户进行交流,看看团队成员的哪些工作由于技术疏漏或错误经常被退回或者被要求改正。如果人际关系是你的阈值要求,仔细观察在集体会议中,谁对他人表示支持,谁表现出过分竞争或为自我利益服务的意识。

对那些满足了你阈值要求的员工,你需要采取下一步行动,评价他们相对的长处和弱点。如果你领导的团队里成员具备各种有用的专长,比如他们是一群能在行政支持方面起作用的人,或者是一群既负责工程又负责研究的人,那么你就需要掌握他们在各自领域的能力。这可能很难,特别是对第一次担任管理者职务的人来说。如果你是从内部担任此职,你可以征求每个职能部门你尊敬并信赖的人的意见,因为他们了解你团队的成员。

如果你担任的是一般的管理职务,那么你应该考虑为每个职能部门制定自己的模板。好的模板包括评估诸如财务、人力资源、采购和安保等职能部门人员的指导原则和警告信号。为了制定出每个模板,你要和

第五章

有经验的管理者进行交谈,了解他们对这些职能部门的期望。

你应该怎样进行评估呢?从和团队的每个成员进行一对一的见面开始。这些见面的形式可以是非正式讨论、正式的工作回顾,或者两者的结合,但是你自己的准备和重点要前后一致。可以采用下面四步:

1. **为每次会面作好准备**。你自己要熟悉每个人的技术或职业技能,这样你就能评价他在团队里的作用。审查你能够得到的人事历史记录、业绩数据以及以往的评价。合适的时候,和客户以及其他对这个员工的工作有第一手经验的人进行商谈。

2. **鼓励对话**。过多的有关绩效的会谈会变成管理者的独角戏。要围绕一些标准问题制订绩效会谈计划,比如:

➢ 你如何看待我们团队目前的绩效水平?

➢ 近期我们面临的最大挑战和机遇是什么?长期挑战和机遇是什么?

➢ 哪些资源有助于我们改进工作?

➢ 我们怎样才能改进团队集体工作的方法?

➢ 如果你处于我的位置,你关注的焦点会是什么?

3. **注意观察语言和非语言线索**。注意措辞、身体语言以及敏感的话题:

➢ 注意这个人不说什么。他自愿提供信息还是你得设法从他嘴里得到信息?他主动为自己领域里出现的问题承担责任,还是找借口,抑或是指责他人?

➢ 这个人的面部表情和身体语言和他说的话一致吗?

➢ 什么话题会引起强烈的情绪反应?(这些引起强烈反应的话题为你提供了线索,让你了解什么能激发他的积极性,哪种变革能激励他。)

➢ 在这些一对一的会谈之外,注意他和团队其他成员的关系。这种关系是看上去很诚恳并能创造价值,还是看上去很紧张并充满竞争性?他们之间是经常相互评价,还是都有所保留?

4. **检验他们的判断。**要记住有些很聪明的人判断力很差,而有些能力一般的人却有非凡的判断力。你应该清楚你希望从关键人物身上了解到的知识和判断力的综合情况。评价判断力的最佳办法是和这个人工作一段时间,观察他是否能作出明智的预测,制定好的避免问题的方法。这两种能力都要利用一个人的思维模式,即确定新形势的主要特征和动态,并把这些见解转化为有效的行动方式。判断力指的就是这些能力。

在作出这些评估的同时,要锻炼自己在每次会谈之后都记笔记并且记录下你的印象。最后,你应该能完成表5-2,这个表格是关于你每个直接下属的情况的。

表5-2 个人评估

姓名:

评价标准	标准的重要程度	优势	弱点	对评估的认可度
工作热情:此人是否能带来工作热情?				
专业能力:此人是否是他所在职能部门的杰出代表?				
和形势的适应度:在你所处的工作形势下,此人的工作是否有成效?				
团队意识:此人是否是团队的有效一分子?				
	总分=100			
附加评论:				

第五章

对团队作为一个整体进行评价

除了评估单个团队成员,还要对团队的工作进行评价。使用下列方法发现团队整体态势中存在的问题。

> **研究资料**。如果你能得到报告和团队会议记录,那么你应该对它们进行仔细阅读。如果组织定期对每个业务单元的风气和士气开展检查,那么也要仔细阅读检查记录。

> **系统提问**。评价个人对你和他们单独会谈时提出的同样的问题的反应。他们的回答是否过分一致?如果过分一致,这可能表明存在事先商量好了的小团体,但是也可能意味着每个人对正在发生的事情有同样的看法。他们的反应是否不够一致?如果是这样的话,那么团队就缺乏协调。你应该对观察结果进行评价。

> **检查团队的整体态势**。观察团队在你初期会谈时的互动情况。你察觉到了有同盟存在吗?你察觉到某些人在担任领导角色吗?谁在某些话题上服从谁?一个人发言的时候,其他人很注意听,还是表示不同意或无奈?注意这些信号,检验你初步形成的看法,发现团队中存在的同盟和冲突。

虽然这种方法一开始对朱莉可能不会有太大的帮助,因为她的团队是新建立的,但是在上任六个月的时候,她召开了非现场会议,这是正确的做法。这些会议气氛的紧张程度,以及团队成员之间对有争议的问题所展开的讨论,都向新领导者提供了很好的机会去认识团队的政治和文化信号,并且把那些信号转化成改进工作的策略。

重组团队

一旦你完成了对每个成员的评估,你就可以针对你希望在团队里进行的变革作出决定。正如前面所讨论过的,这也取决于你所面临的形势。

你的目标是把成员分成下面几类:
> 保留在原位。此人在目前的工作中表现良好。
> 保留并培养。此人需要更多的培训和培养。
> 重新布置任务。此人工作出色,但是在目前的职位上不能最大限度地发挥自己的技能或个人品质。
> 观察一段时间。需要对此人进行进一步评估,他需要个人发展计划。
> 被取代——而且迫切需要。一旦出现机会,此人应该立即被取代。
> 被取代——但不那么迫切。此人应该被取代,但是你还可以等一等。

利用表5-3总结你对直接下属所下的结论。

表5-3 评价总结

团队成员	保留在原位（工作出色）	保留在原位（发展潜力很大）	保留但是调换岗位	取代(迫切)	取代(不迫切)

完成了对评估的总结,你对团队里谁有发展潜力应该有清楚的认识了。有了这些了解,你可能很想采取快速行动,但是请注意,行动要谨慎。你的初步印象可能会发生变化,那些今天你认为工作出色的人可能经不起进一步的检验,在后来的工作中可能会出现问题。同样,那些你认为发展潜力不大的人在你开始执行新的政策或采取新的工作方法时可能会给你带来惊喜。而且,根据这些评估进行的人员提拔必须一直小心处理;从一个与其他人相同的职务被提拔到担任更高级别的职务,是最艰难的转变之一。认真严肃地对待

第五章

绩效评估是关键所在,这意味着进行人事调动之前要在实际工作中证明你的第一印象,这样的调动如果不能产生成效,要改变就很难了,尤其是在政府部门。

你还可能很想立即取代工作绩效很差的人,但是别着急,像朱莉那样,考虑一下是否有别的办法。在任何情况下,政府部门里替换员工可能都不是一个可以立刻采用的选择;即使可以采用这一选择,如果处理不当,它也可能削弱新团队的士气,损害你的信誉。

相反,由于各种行政部门条款和劳资协议,你更需要对员工进行正式的补救性的培训,使个人的绩效达到令人满意的水平。这是一个长时间的努力过程,但是如果成功,它将改进整个团队的工作,并且建立你作为一个参与型的值得信任的领导者的信誉。

即使你不用面对这些限制,撤一个员工的职也会很困难,而且很花时间,有可能要几个月(见"把绩效差的员工清除出组织")。如果没有足够的文件记录这个人很差的工作表现,那么花的时间可能更长。幸运的是,你不用立即解雇,还有其他的选择。

➤ **在团队内部横向重新分配。** 把这个人调动到另外一个更适合他技能的位置上去。虽然团队内部对横向调动通常有一些规定的条件,但是它能帮助你解决让一个工作不得力的人留在关键岗位上这一短期问题。

➤ **在组织内部其他地方横向重新分配。** 和人力资源办公室合作,帮助这位员工在组织内部找到更合适的岗位。有时候,如果做得好的话,这种重新分配可以给相关的各方面带来好处。然而,除非你相信这个人在新的岗位上可以工作得很好,否则不要用这种方法。简单地把一个工作存在问题的人转移到别人手上会损害你的信誉,也会损害你将来解决问题时和你的同人合作的能力。

把绩效差的员工清除出机构

和公众的普遍看法相反，解雇长期以来绩效差的政府员工是完全有可能的——如果处理得当的话。但是太多管理人员和其他当权人士，因为没有接受过合适的培训或者因为想避免冲突和所要求的烦琐的记录，他们让那些需要接受训练或者应该被解职的人自由地继续着起阻碍作用的工作。许多管理者面临的最常见的问题是，他们得到某个员工因为绩效差应该被解雇的建议，但是年复一年这个员工都通过了绩效评估。负责人和管理人员必须接受恰当的培训，开展实质性的，而不是敷衍了事的工作评估，然后——这很重要——在接下来的申诉过程中得到上级负责人的支持。根据行政部门条例或者工会协议，大部分公共领域的员工都有权采取这一申诉过程。在朱莉努力寻找不断增多的客户投诉的原因时，她发现自己面临这样的问题，因为她的不干涉的管理风格使她并不能够真正了解每个员工。所以下面是几条你应该遵守的基本规则，这样当需要采取惩戒行动的时候，你才有坚实的基础。

➢ 认真对待绩效评估。为了避免扰乱组织的工作，简单地让每个员工通过评估似乎是比较容易的方法，但是接受一个员工很差的绩效肯定会导致其他正在努力实现你的预期的人的不满，并且削弱你的信誉。

➢ 保证每个人都明白你对工作绩效的预期。如果书面的绩效计划没有详细说明你的预期，包括培训需要，这将会使你在采取惩戒性行动时处于不利位置。

➢ 主动和每个员工定期（至少每季度一次）进行工作讨论。讨论包括一定时期内他在实现绩效计划方面的成功和不足，并且记录讨

第五章

论结果。把讨论结果给员工一份。
- 要十分注意均等就业的意义。在这方面存在的不恰当的做法,哪怕是看上去不恰当的做法也可能会给整个组织带来严重的法律问题,并影响士气。
- 当你决定需要采取惩戒性行动的时候,要与人力资源部门、均等就业办公室和法律顾问保持密切的联系,以确保遵守所有的制度和法律。没有什么比因为程序错误而导致惩戒性行动在申诉时被驳回会更快地削弱你的信誉。

要记住在保持团队工作令人满意的同时,你要努力打造你所需要的实现绩效目标的团队。因此,你需要在工作中留下心存不满的员工、破坏性的竞争意识过强的员工、工作绩效很差的员工,或者有问题的团队成员,同时精心安排人去取代他们。(我们采访过一位领导,对那些在她过渡期她能利用上他们知识的员工,她总是不着急把他们清除出公司。)你可以对团队其他成员或组织其他部门的员工进行评估,看看谁有发展潜能,这样谨慎地寻找接班人。但是要和人力资源部门密切合作;如果处理不当,重新分配任务可以被看成是惩戒性的或者会引起均等就业办公室的行动。没有专家的指导,千万别进入这个雷区。

在团队重组的每个阶段,都要努力尊重每个人。即使你所在业务单元里的人一致认为某个人应该被取代,但是如果你的行动被看成是不公正的,你的名誉也会受损。想尽办法传达你对评价每个人的能力以及评估培训和培养需求所采取的认真态度和所给予的关注度。你的下属会根据你这部分的工作方式对你的领导能力形成持久的印象。

把目标、绩效衡量标准和奖励结合起来

合适的工作让合适的人来做是十分关键的,但是这还不够。为了实现你的工作重点并获得一些初步成果,你要明确团队成员如何能最大程度支持你的主要目标。这一过程要求你把较大的任务、目标和行动计划进行分割,把某一部分的责任分给团队的成员,使每个人对自己的目标负责。你怎样才能鼓励问责制呢?可以设计明确而有效的绩效衡量标准和奖励机制。

朱莉·戴维斯发现了一些早期迹象,向她提出警告:她的不插手的风格并不会让她取得她所希望的结果。此后,她采取了一些策略:很快和员工会谈,让他们相信他们的反馈意见被听到了;安排非现场会议讨论团队工作中存在的问题并且确立目标;接下来又接见每个员工,确定个人发展目标。这些举动修正了早期目标和绩效衡量标准不能有效结合起来的问题。

明确绩效衡量标准

在各种级别的政府机构中,宏观的绩效标准是由法令、制度和集权的行政管理机构规定的。公共部门的管理人员要负责满足这些标准,但却往往没有必要的权力来管理实现这些标准所需的资源和其他工具。

尽管在最高层的政府部门中这种情况尤其突出,然而中层管理层的情况也是如此。比如像朱莉这样的采购部门的新领导主张缩短签订合同的时间,而政府制度规定了强制性的时间要求以及投标人上诉的权利——这些规定会减缓整个过程——此时,朱莉的坚持就没什么作用。同样,如果立法机构不考虑对工作量的影响就全面削减预算,那么处理增多的工作量时要提高效率和质量,社会服务机构的负责人在这方面也

第五章

不能发挥很大的作用。类似的例子在公共领域不胜枚举,这使得设立组织层面的具体的绩效标准就很困难。

但是针对个人工作确立严格的绩效标准也不是没有可能。虽然宏观目标是事先确定的,机构各个级别的管理者仍然对个人和小组的工作有微观影响力。研究过程中,我们碰到很多地方、州和联邦级别的领导人,他们虽然受到政府政策的限制,但是还是想出了很多办法,把一般性指令转化成为了他们的下一级管理者在制定内部绩效标准时可以操作的具体的、可衡量的目标。一般的做法是,在制定绩效目标之前,拿出时间和组织的全体人员进行商讨,了解组织的优势和弱点。

对资源和灵活性的过多限制的存在使得制定有意义的绩效标准成了一项艰巨的任务。但是利用前几章讨论过的方法,这一任务也能完成。确定并且坚持清楚明确的个人绩效标准是鼓励问责制的最佳途径。也就是说,只要有可能,管理者就应该像朱莉·戴维斯那样,制定绩效标准,让自己明确某个团队成员是否实现了设定的目标。这样做的时候,要避免笼统的目标,例如"提高生产力"或"减少开支";相反,应该制定能用百分比和实际的金钱数额衡量的具体的改进目标。

设计奖励制度

任何一个激励人的制度都是包括"推""拉"两种方法,如图5-1所示。一般来说,"推"的方法包括经济补偿和奖励计划、绩效衡量体系,以及实现目标后的预算增加等。这些方法会对人们产生激励作用,因为人们会对失败可能带来的后果心存恐惧,而对成功可能得到的经济奖励满怀希望。"拉"的方法包括共享的、有强烈吸引力的愿景,认可成功的文化,专业发展和进步的潜能,以及有积极性的、投入的团队等。这些能够唤起人们对未来积极的憧憬,对他们产生激励作用。

图 5-1 "推""拉"方法

"推"的方法通过权力、恐惧心理和奖励来调整工作。"拉"的方法通过激励手段调整工作。使用"拉"的方法,领导者必须目光远大,有很强的沟通技巧。

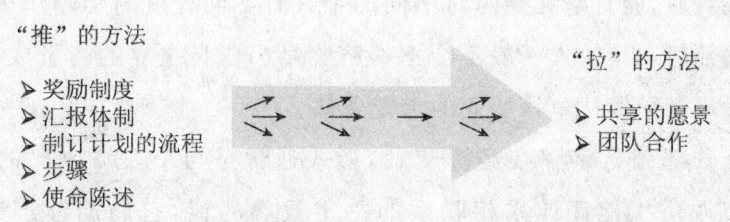

"推"的方法
- 奖励制度
- 汇报体制
- 制订计划的流程
- 步骤
- 使命陈述

"拉"的方法
- 共享的愿景
- 团队合作

在公共部门和非公共部门之间形成最鲜明对照的领域是经济激励手段的性质和驱动力。在企业,这件事相对来说要直接一些:人们分享一个成功的企业计划带来的经济效益。但是在政府部门,出于多种原因,利用经济激励手段来促进个人或小组的绩效提高明显复杂得多。

首先,民主制度下,设立行政部门的目的是履行由立法机构、法院和当选的行政机构界定的各项政府职能,为公共利益服务。依靠经济激励手段来完成这些职能在有些人看来商业味儿太浓。而有些职业公共管理者勤勉地执行当选的政府的政策,为公众而不是为个人经济利益服务,因此这种激励手段与他们的理念相悖。

其次,在美国社会,关于政府的恰当角色的党派和意识形态情绪——这种情绪通常会转化为促进或者阻碍人们把公共事业作为自己职业选择的力量——会影响某一当选政府对何种程度的奖励适合工作特别杰出的政府管理人员这一问题的态度。有些人认为,这样

第五章

的表现应该加以鼓励,对他们的奖励应该在标准工资以上;而另外一些人认为,高水平的绩效是行政人员工作的一部分,不应该进行额外的经济奖励。

最后,对个人来说,选择在政府部门工作的动机不同,从为公众利益服务的利他的愿望,到牺牲可能得到的较高的经济报酬以获得相对稳定的工作的个人偏好。一般来说,与选择在非公共部门工作的人相比,选择在公共部门工作的人较少受到金钱的驱动。因此,虽然经济奖励总是很受人欢迎,而且毫无疑问对不同的个人有不同程度的奖励作用,但是在公共部门工作的人一般不会把经济奖励当成是主要的衡量成功与否的手段或者继续从事该职业的重要条件。

公共部门肯定存在经济奖励,形式通常是与个人绩效评估、小组工作以及员工建议体系相联系的一定数额的钱,它们能够产生可计量的经济利益。然而这些经济利益是固定的而且数量有限,因为根据现行的政策和政治理念,任何源自政府工作效率的经济利益应该以削减政府开支的形式使纳税人受益。因此,虽然经济奖励在政府组织的个人和小组层次并不是没有它的价值,但是因为公共部门不具备企业性质,所以经济奖励这一"推"的方法并不能产生它在私人领域所能产生的奖励作用。那么你怎样才能把经济奖励纳入公共部门呢?

经济奖励的力量有限,加上政府部门普遍存在的强烈的工作稳定感,这使得公共部门的管理者在很大程度上依赖"拉"这一工具。这就是为什么前面几章的内容很重要的原因。明白你的任务以及你面临的组织形势,以建立一个良好的开端,了解必要的情况,和你的团队和利益相关者建立富有建设性的工作关系,这一切对你确立某种领导策略是十分关键的。这种领导策略会"拉"着你的下属和你的同事朝着实现你最重要的目标的方向前进。

设计在很大程度上依赖"拉"的方法的奖励体系是一项艰巨的任务。对个人和对小组的奖励的正确结合，取决于独立行为和互相依赖行为对组织的全面成功的相对重要性。你必须避免的是，由于疏忽，使得建立的奖励制度在需要团队工作的时候鼓励对个人目标的追求，或者相反。

确立新的团队工作流程

一旦建立了团队，并制定了目标、绩效衡量标准和奖励制度，下一步就要思考，你希望你的团队怎样工作。什么工作流程会影响团队集体工作的完成呢？在如何处理会议、作出决定、解决冲突、分配职责和任务方面，领导者之间有很大的不同。

这就意味着你应该很小心，不要过于仓促地引入新的工作方法。例如，如果你要接管一个单位，那么你应该在上任之前花点时间熟悉团队的工作方式，了解新单位的工作流程的效果。这样做，你就能决定应该保留哪些流程，改变哪些流程。

对现行的团队工作流程进行评估

你怎样开始着手了解团队现行的工作流程呢？正如我们在第三章讨论过的，你应该和团队成员进行交谈，如有可能，和你的前任见面或者交谈。请团队成员向你简单介绍他们的职能，解释主要的工作流程。找出下列问题的答案：

➤ **参与者的作用**。谁曾经对你的前任产生过最大的影响？谁喜欢唱反调？谁不喜欢不确定性？谁的想法最受到尊重？谁是和事老？谁是持不同意见的人？

➤ **团队会议**。过去团队多长时间会面一次？谁参加会议？由谁安排

第五章

时间？
- **作决定。**过去谁作出过什么样的决定？作决定时向谁咨询？一旦作出了决定通知谁？
- **领导风格。**你的前任更倾向哪种领导风格——他喜欢怎样的沟通、奖励和作决定的方式？你前任的领导风格和你的相比有什么不同？如果两种风格有明显的区别，那么领导风格的变化可能会对团队已经习惯了的工作方法产生怎样的影响？

把变革流程作为目标

一旦你相信你了解了团队过去成功的和不成功的工作方法，你就可以运用那些知识，确定你认为的必要的流程。比如，在研究过程中，我们采访了一家大型联邦机构的一位负责人。他被任命担任新的职务，因为该机构的工作经历了恼人的失败，需要有人扭转局面。上任后不久，这位负责人发现了一份20页的文件，十分详细地解释了决策制定的过程。这份文件的结果是分散了责任，使机构失去了对问题作出反应的能力。

新负责人作出的反应是抛弃那份文件，制定更为直接的集体决策制度。许多新领导认定，团队会议和决策流程可以从修改中获益；如果你也这样认为，那么你越早详细说明你打算进行的变革越好。

变动会议的参加者

一个常见的团队流程问题是——同时也是一个重要的让你发出变革正在进行中的信号的机会——谁参加关键会议。在有些组织中，比如我们刚才提到的机构，有些会议太包容，有太多的人参加讨论，导致决策缺乏效率。另外一些会议可能限制性太强，这样发出的是管理单边主义的信号，排除了对正在讨论的问题的富有潜在价值的观点和见解，限制了对决定本身广泛的问责和认同。要在效率和更多人参加会议的鼓励作用之间达到平衡，你应该仔细考虑单位的工作需要。根据要决定的事情安排参加会议的人员的多少是一种好方法。在涉及管理的大部分问题中，灵活性是关键。

在朱莉·戴维斯的案例中，她明智地采取了包容性的方法，邀请各个层面的员工平等参加会议。她之所以能够这样做是因为她的员工人数不多。如果人员比较多，更好的方法是邀请组织里的典型代表参加会议。

对决策进行管理

许多新领导起初在制定最佳决策过程方面有困难，这是因为他们有一种自己习惯的风格，而且他们认为他们必须前后一致，否则就有使团队成员困惑的风险。但是有几种制定好的决策的方法。要了解在某一具体形势下的最佳方法并且把原因传达给员工，关键是要根据决策本身的性质制定决策框架。这些可能的方法可以按光谱状排列出来，从单边决策到一致同意，如图 5-2 所示。

图 5-2 决策光谱

	单边决策	商讨—决策	达成共识	一致同意	
较多的 领导控制	←──────────────────────────────→	较少的 领导控制

有时候，决策的制定可能是单边的，也可能是仅仅和几个人商讨的结果。当然，如果情况是这样，风险是你可能错过重要的信息和见解，最后得到的是不热心的支持，因为其他人认为只有受宠的几个人会有影响力。还有另外一个极端，需要得到一致同意的过程可能导致决策权分

第五章

散,决策过程一直持续下去,要么永远也不能真正得出结论,要么即便是真得出了结论,也是对最缺乏共识的标准的一种妥协。在这两种情况下,没有有效抓住重要机会,也没有有效处理关键性威胁。大部分领导者使用的决策方法都处于这两种极端情况之间。

> **商讨—决策**。当一个领导从一个小组或一系列个人那里征询信息,但是保留发出最后命令的权力时,他使用的是商讨—决策的方法。事实上,他把收集分析信息的过程和评估信息并得出结论的过程分开了,前一方面依赖集体,后一方面自己做主。

> **达成共识**。当一个领导者征询并分析信息,并且获得对决策的认同时,那么他采用的是达成共识的方法。这种方法的目标不是完全的共识,而是足够的共识,即关键的大多数人认为决策是正确的,而且,重要的是其他人一致认为,他们能够接受并且执行决策。

在这两种方法之间进行选择时,你应该采取什么标准呢?答案并不是"如果我时间紧迫,我就采用商讨—决策的方法"。为什么?因为虽然这可能是作出某项决策的更快的途径,但是你不一定能更快地获得你想要的结果。事实上,事后你可能得花更多的时间宣传你的决策,或者给人们施压让他们执行你的决定。

当你必须确定决策方法的时候,下面的经验之谈会对你有帮助:

> 如果决策可能导致不和——造成赢家和输家——那么你最好采用商讨—决策的方法,让局面缓和下来。达成共识的方法不会有好的结果,只能使大家互相生气。由大家共同承担损失或者痛苦的决策最好由领导作出。

> 如果决策需要得到一些人有力的支持,而你又不能充分观察并控制这些人的工作情况,那么你最好采用达成共识的方法。商讨—决策的方法可能更快,但是风险在于你不能得到想要的结果。

> 如果你管理的是一群经验相对缺乏的人,那么在你能评价他们并培

养他们的能力之前，最好采用商讨—决策的方法。在没有经验的团队里采用达成共识的方法会使人们产生挫败感，最终很可能是由你自己来作出决策，这样就会削弱建立团队工作的努力。

➤ 如果你的责任是要管理一群你必须在他们之间确立新的权威的人（比如管理你以前的同事），那么你最好采用商讨—决策的方法作出一些主要的初期决策。一旦你的权威得到了确立，你就可以更多地采用达成共识的方法。

你的决策方法也在很大程度上受到你所处的形势的影响。在开创局面和扭转局面的形势下，由于问题更可能是技术层面的而不是文化和政治层面的，商讨—决策方法最有效。而且，此时员工们希望能够有强大的领导帮助他们解决问题；员工们常把采用商讨—决策方法的领导看成是有力的领导。相反，在重新调整和维护成功的形势下，领导们通常得对付已经存在的强大的团队，并且解决文化和政治问题。这些挑战通常可以通过达成共识的方法得到最好的解决。

为了使决策方法与所作的决策的性质相符，有时你必须控制自己天生的偏好。你可能偏向于采用商讨—决策的方法或者达成共识的方法，但是这些只是偏好，而不是固定不变的。如果你天生就喜欢和别人进行商讨然后再作出决定，那么你应该在恰当的情况下试一试达成共识的方法。如果你喜欢达成共识的方法，那么在你认为合适的时候，可以大胆采用商讨—决策的方法。

为了避免引起困惑，你可以考虑向团队成员解释你将采用哪种方法以及为什么采取这些方法。最重要的是，不论你采用哪种方法，都应该让人感到是公平的。那些即使不同意你的决策的人通常也会支持你的决策——如果他们觉得你倾听并且真正考虑了他们的观点和意见，或者你向他们合理地解释了你为什么发出这样的命令。另外，对已经作出的决策就不要再做样子去达成共识了，这样做只能破坏你先前的信誉以及

第五章

有效执行决策的可能性,这种把戏几乎骗不了人。你最好采用商讨—决策的方法。

最后,随着你对人们的兴趣和立场的了解进一步加深,你可以在达成共识和商讨—决策这两种方法之间转换。比如,你可以在开始的时候采用达成共识的方法,但是如果整个过程导致了很大的不和谐,那么你可以保留转向采用商讨—决策方法的权力。或者你可以在开始的时候采用商讨—决策的方法,但是如果情况表明必须有力地执行决策,而且有可能达成共识,那么你可以转而采用达成共识的方法。

结论

在新上任的领导面临的任务中,建立团队可能是最重要的,当然也是最困难的。公共部门和非公共部门的情况都是如此。但是在政府部门,由于限制性的制度、强加的目标,以及不能获得有力的经济奖励,这一过程变得更为复杂。然而,在我们的研究过程中涌现了许多卓越的领导者,尽管面临很多限制,但是他们成功地激励了机构员工,使他们取得了新的成绩。比如,朱莉·戴维斯明白了有必要明确工作计划,结果证明这一经验很有价值,既改进了组织的工作,又向员工和主要客户展示了她作为一名领导在适应不断变化的环境时所表现出来的技能。

快速检测表

1. 你评估团队成员绩效的标准是什么?你接手的成员是否达到了这些标准?
2. 需要进行哪些人事变革?何时进行?
3. 在重组团队的过程中,你需要怎样的帮助?你如何保持最受影响的员工的尊严？
4. 你如何利用现行的奖励体制来鼓励团队实现新的目标？
5. 你将实行哪些新的团队流程？
6. 你如何作出决策——一开始就作出决策，还是以后再作出决策？

第六章　创建同盟

杜安·罗宾逊(Duane Robinson)宣誓就任州福利部主任的那一天，他的上司——新任州长给他下达了明确的任务。杜安被告知"重新恢复公众信任，而且要尽可能快"。这是一项难以完成的任务。杜安接手的部门在前任州长的管理下受到了猛烈抨击，媒体曝光了一系列有问题的经济管理行为以及引起公众广泛关注的在处理多个儿童福利案件上的失职。

杜安曾经是一家中型私营健康保健公司的高管人员，他是一位积极进取的领导，能够应付通常难以应付的官僚主义，出色地完成工作。但是他很快就开始怀疑他承担的任务是否是他能力所不及的。

仅仅几周之后，杜安就清楚地认识到，他接手的是一个十分麻烦的组织。最近出现的问题尽管很严重，但是它们只是更深层次的工作障碍的表现。高级管理人员之间明显缺乏信任，防御性的文化实际上切断了办公室之间的主要沟通。杜安上任第一周，几个高层管理人找到他，说出了他们对部门面临的形势的看法，并且对一系列内部人事问题和部门工作问题提出了建议。杜安得到的意见互相矛盾，而且有些意见甚至对组织中的其他人表现出了明显的敌意。

杜安对此十分关心，他开始了一场联合行动，打开他的直接下属之间的沟通渠道。他倡议每周召开全体人员会议，希望员工能参与到解决

第六章

问题的对话中来。但是即使在最好的情况下讨论也很紧张,人们很快就采取防守的态度回避。杜安感觉到大部分真正的讨论发生在他召开会议之前和之后的会议室之外,就像战争同盟参战的情况一样。

六周之后,杜安对相互的矛盾意见和直接下属之间的敌意感到了厌倦。他希望能够更换所有的人,重新开始,但是考虑到文职公务员的限制规定,以及保持部门继续运转的实际需要,这种想法是不可行的。所以他决定,最好的办法是对小组实行休克疗法。

杜安的做法是利用自己的权力强制进行变革。在接下来的几个星期里,杜安发布了一系列指示,确定新的工作规程和工作评估标准,进行人事变动,并且多次召开各级别员工参加的现场会议,制定新的规则。在那些会议上,他不止一次把自己称为"镇子上的新警长"。

两个月后,部门一片混乱。虽然在杜安上任之前,部门工作由于内部争斗和对公共曝光的过度敏感而处于困境,但是现在工作已经彻底陷于瘫痪。员工们对所有新的指示感到困惑(这些指示当然没有得到他们管理人员的支持),他们把新负责人的态度看成是惩罚性的,这使得他们很谨慎,结果员工们就停止工作了。

同时,高级管理人员也开始向立法机构甚至更高层抱怨杜安的领导风格。很快,杜安就接到了愤怒的立法者和工会代表的电话。杜安还接到州长参谋长的电话,要求知道杜安到底干了些什么使得他接手的糟糕的形势变得更糟。此时,杜安的工作陷入了低谷。

事到如今,杜安已经很清楚,他的工作方法出了严重问题,并且他挖了个洞,使自己陷入了进去。他停止了挖洞,但是在形势进一步恶化甚至使他失去工作之前,他能否使一切走上正轨呢?

"孤独的守林人"陷阱

政府部门里太多新领导和杜安一样掉入了同样的陷阱。他们接受了组织的任务,这些组织比他们以前工作过的组织规模更大,而且更重要。于是他们处于巨大的压力之下,想很快取得显著成效,有些压力是他们自己造成的。面对复杂的形势和难以解决的问题,他们对自己取得工作进展的能力感到沮丧,结果他们只有依靠被研究领导才能的专家罗恩·海费茨(Ron Heifetz)称为"孤独的守林人"的方法,这是一种受权力驱使的决策方法。[1]他们被诱使相信他们能迫使情况发生变化,但是他们却促成了反对意见的形成,这种现象被称为反应性同盟创建。

结果形成了一个起严重削弱作用的恶性循环,过度依赖权力导致反对意见的增加,这又使得领导人变得更加专制,循环往复。如果不加以控制,结果会导致新领导和员工以及他们同盟之间更加激烈的冲突。新领导由于对情况缺乏了解而容易遭到攻击,机构里已经存在同盟,另外对人事变动有法律和政治限制,考虑到这些因素,新领导者在这些冲突中获胜的可能性不大。

从非公共部门调入公共部门的新领导尤其容易掉入这样的陷阱。原因是什么?因为与政府部门的领导相比,企业领导有明确的目标和标准、有更多权力聘任和解雇员工,而且需要应付的外部客户也较少。他们不能理解机构管理者之间的复杂关系,以及对预算、人事和管理体制的集中行政权力;他们也不能理解制定管理着体制运行方式的规则的立法者。

为了避开这一陷阱,你要做的不仅仅是获取必要的知识来确定需要做什么,你还必须确定如何做;你必须克服影响力的挑战。即你必须尽早花大量的时间和精力全面了解影响力并且查明主要同盟。[2]你需要找

第六章

出组织内部和外部对组织未来的发展方向将产生影响的个人和群体。在和这些人建立关系的同时,你必须找到方法在内外主要的客户中间建立信誉,并且和他们建立起富有成效的工作关系。以客户为基础,针对新组织的运行方式,你必须有自己的想法,并且把这种想法传达出去。关键人物应该相信你能够领导组织朝着光明的未来发展。你必须创建并且维持同盟,他们对你希望进行的重大变革表示支持,这是很关键的。驱动力和遏制力的天平必须向你这边倾斜。

全面了解影响力

全面了解对政府机构施加重要影响力的个人和群体网络是个复杂的过程,但是这值得花时间去做。开始时要找出有影响力的群体,然后进一步确定影响力网络。

识别有影响力的群体

最明显的影响力的源泉是垂直的,上至上司,下至员工。但是不要把所有的注意力都放在垂直的方向,忽略了水平方向,要避开这个陷阱。新领导常犯的一个错误就是在过渡期把太多的时间放在纵向的影响力上——上至上司,下至员工——而对横向的影响力重视不够,比如同事和外部客户。这种错误是可以理解的:你很自然会受到你要负责的人和对你负责的人的吸引。毕竟,他们是你发挥自己影响力的主要渠道。然而,正如杜安的案例所示,仅仅重视你接受的任务——对杜安来说,他的任务是州长向他下达的指令——可能导致你严重漠视其他利益相关者的利益,结果使你自己处于四面楚歌的境地。

主要的纵向关系包括组织内部和外部的个人和团体。这就意味着你要主动和同事、其他员工以及机构中负责诸如预算和财会的支持性职能部门联系。这些人虽然在你的直接权力之外，但是他们会对你的工作产生影响。还要考虑更远的行政机构，它们控制政府范围的预算和税收问题并且制定人事和采购政策。你还要拟订计划，主动联系立法机构和相关的监管机构、律师、政府员工工会、检查总长和审计员、公共事务和信息自由办公室，当然还有你的终端公共服务客户。表6-1和图6-1有代表性地列举了组织内部和外部产生影响力的因素和他们主要的兴趣所在。新领导应该意识到每一方面会对自己的新职务产生怎样的影响。

有人说企业的货币是钱，而政府机构的货币是权力。因此对一个在公共组织担任高级管理职位的人来说，明确内部和外部产生影响力的各个方面还不够。新领导还必须明白每个方面的权力基础，这样才能估计它将怎样以及在多大程度上对自己的工作产生影响。在有些领域，比如立法机构、行政部门，以及审计和管理机构，权力通过对以下各方面的综合管辖得以发挥：资源、行政体制，以及从一届当选政府到另一届保持不变的诚信问题。对另外一些人来说，比如某些政策官员、客户群体和员工工会组织，权力是从一些政治附属机构获得的，这种权力随着时间的推移时涨时落。然而，不论是哪种情况，新领导必须快速掌握图6-1影响力图谱中所示的每个关键因素的权力来源，这样在制定新的领导策略以及开始确定改进的领域时，他就能对可控制的方面、可沟通的方面以及能够得到的东西给予恰当的重视。

你怎样才能确定谁会对你的成功产生重要作用呢？在一定程度上，随着你对新职位有更多的了解，这个问题的答案会变得更明显。但是你能加速这一过程。客户、顾客、供应商，不论是机构内部的还是机构外部的，很自然都是你建立关系的主要关注点。

另外一个方法是利用你的上司为你建立联系。向上司要一份他认为你应该了解的机构外部人员的名单，尽早安排和他们见面。记住在这些讨论中要使用积极倾听的技巧：进行启发性提问，使用"如果怎样，就

第六章

怎样"这样的假设性提问引导对方提出有创见的意见。如果你对起初的回答不满意，在讨论过程中以两到三种不同的形式对同一个问题进行提

表6-1 机构内部和外部产生影响的因素和它们主要的兴趣

产生影响的因素 （主要兴趣）	内部	外部
上司	➢绩效目标 ➢团队合作和支持 ➢遵守法律、制度和政策	➢遵守行政部门的政策 ➢汇报的一致性 ➢不会出现意外或窘境
员工	➢机会或奖励均等 ➢明确的方向 ➢可以接触到上司	➢工会合同的协商和管理 ➢专业协会对标准的维护
同事	➢同盟军还是竞争者 ➢分享信息还是贪求信息 ➢信任还是心存戒备	➢建议—商讨网络
预算和财会	➢资源的正确配置 ➢绩效评价标准 ➢收集和汇报信息	➢政府预算的执行 ➢立法机构对资源的调拨
人力资源	➢聘用、培养和奖酬流程的有效性 ➢人力资源常规工作中的公正性和一致性 ➢工作评价体系	➢遵守整个政府范围的法律、制度和政策
法律	➢管理行为的合法性 ➢在法庭和行政机构的辩护 ➢伦理问题	➢对冲突的裁定 ➢立法机构对项目的监管
外部关系	➢对客户的集体立场和行动的管理意识 ➢有利的媒体形象 ➢公关危机管理	➢对客户利益的倡导 ➢媒体以及其他人对机构运行和问题的调查
采购	➢满足组织优先考虑的采购物 ➢遵守法律、制度和政策	➢遵守整个政府范围的采购法律、制度和政策

图 6-1 产生影响力的因素

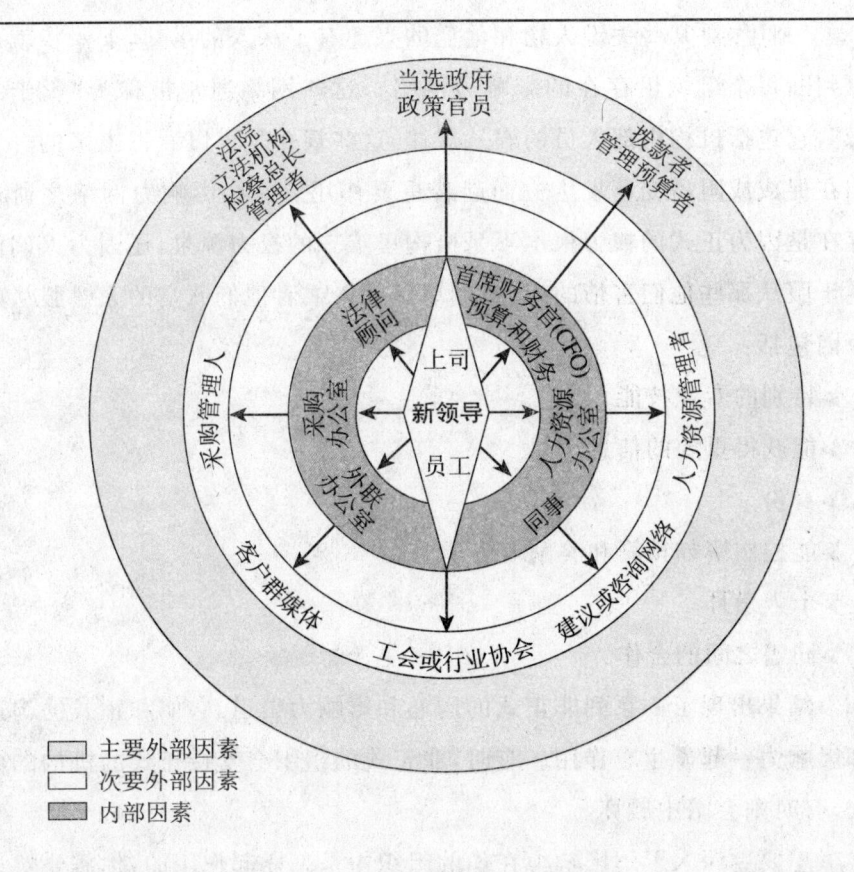

问,但是你要避免寻找"自我实现"的答案,你的提问方法要避免引起对方的防御性反应。如果杜安·罗宾逊在他努力想从他的管理者们那里获得信息的时候采用了这种方法,那么他激发的讨论就不会那么只为自己着想,就会更具启示意义,对他自己来说也就不会那么失望。假如那些初期的关键谈话进行得更好,那么杜安也就不太可能忽视现行的组织,掉入"孤独的守林人"的陷阱,使自己的信誉受到极大的损害,失去了

第六章

发展的势头。

判断影响力网络

一旦你对某些关键人物和他们的兴趣有了深入的了解,下一步就可以判断每个组织里存在的影响力网络。这些网络通常被称为"影子组织",它包括机构内部人员的服从规律,这些规律是可以看得出来的。它们在促成或阻碍变革发生方面起着重要作用。[3]这些影响力网络之所以存在是因为正式的权力根本不是机构里唯一的权力源泉,还因为人们倾向于服从那些他们害怕的人、他们尊敬的人或者他们欣赏的人。[4]服从的原因包括:

➢ 特别的专业技能
➢ 能获得重要的信息
➢ 身份
➢ 能控制诸如预算和奖励等资源
➢ 个人崇拜
➢ 同盟之间的合作

结果出现了一系列非正式的沟通和影响力渠道,它们和正式的沟通和影响力一起发生着作用。有时,非正式的组织会支持正式的机构的做法,有时则会暗中破坏。

想要更深入了解影响力在你的组织中是怎样起作用的,你需要对谁在什么问题上服从谁的规律进行分析,以及这些规律后面的权力根源。你可以使用加速了解情况的一些方法,对这些政治态势有深入的了解。

最后,你将能够辨明谁是舆论领袖——那些通过正式权威、特别专业技能,或者仅仅是人格力量发挥巨大影响力的人。如果你能使这些关键人物相信你的重点和计划是有价值的,那么你的想法接下来就可能获得更大程度的认可。出于同样的原因,这些人的对立会导致更大范围的反对。

最终,你还会辨明权力同盟——那些为了某个目标或者为了保护某种特权而明里或暗里进行合作的人群。如果这些权力同盟支持你的计划,你将获得影响力。如果他们反对你,你将别无选择,只能想办法把他们解散,或者建立新的同盟。

了解这些影子组织还能帮助你避免被坏人所"吸引"的危险。新领导上任,那些在旧机构里能施加影响力的人肯定会想在新机构里谋求有利的位置。下面这些人会争夺新领导的注意力:(1)那些因为缺乏能力而不得不去引起领导注意的人;(2)那些心存善意的但是很难接触到领导的人;(3)那些实际上希望把领导引入歧途的人;(4)那些只想追逐权力的人。新领导者在决定听谁的意见和在多大程度上听取他们的意见时要非常小心。如果你在开始阶段不保持公正和中立,那么你在不经意间将会疏远好人,失去宝贵的建立同盟的机会,这些同盟不仅会支持你的计划,而且能帮助你完成计划。

杜安·罗宾逊的失败是否是由影子组织造成的呢?毫无疑问,他的机构处于政治混乱中,不论当时存在怎样的集团,它们的立场都已经是坚定不移的了。杜安上任的时候,它们已经准备好了进行斗争。但是假如杜安当初花了时间更好地掌握了组织的政治支持者和反对者,那么情况会如何呢?如果他这样做了,而不是那么快采用了专制的领导风格,产生了适得其反的毁坏性影响,那么他就能更清楚地了解不同的集团,并且把每个集团看成是一定会成为他的支持性同盟的成员(并且一定会对他们进行奖励)。如果杜安找到了好的员工,他们支持他认为的必要的变革,那么他就可以确立自己作为同盟领袖的地位,而不是一个孤军奋战的人。他取得提升信誉的初期成效和奠定长期成功的基础的机会也可以得到极大提高。

第六章

建立信誉

我们可以这样解释托尔斯泰的话:所有有信誉的人都是相似的,所有缺乏信誉的人却各有各的不同。[5]在政府部门,职业管理者和他们的上司、员工、同事、立法者、公众和媒体的关系,取决于几个关键因素,所有这些因素都必须以某种形式出现在你的领导风格中。[6]缺少其中的任何一个或几个都会相应地有损你的信誉。

识别有关信誉的关键因素

你刚刚上任时,人们会对你进行判断,并且依据相对少的资料形成对你的第一印象。为了在新的岗位上建立信誉,你必须首先明白信誉对新组织来说意味着什么。怎样的行为会使组织员工把领导看成是有信誉的领导?怎样的行为会有损信誉?即使你的工作调动发生在组织内部,你也需要考虑这些问题。比如,你可能被提拔担任新职,这个职务对领导者有不同的要求和期待。

例如,倾听并且让别人知道你乐意倾听是尽早树立信誉的有效方法。其他关键的影响力因素还包括你集中使用时间的方式,你对待组织里较低层员工的态度,以及你初期作出的决策。在第四章里我们介绍了一些个人特质,使新领导能和组织沟通交流,并且赢得成功所需的信誉。因为这些特质如此重要,我们在这里将对它们进行重新回顾,以强调信誉对成功领导的关键作用。

一般来说,新领导如果具有以下特质,那么他们在组织里就会被认为较有信誉。

➢ **言论和评价很诚实。**对你手下的人来说,没有什么比你不诚恳地表扬或批评人能更快、更长久地损害你的信誉。同样,新领导也应该坦率对待上司、同事和内外部的利益相关者,他们的支持对成功起着重要作用。即使要把坏消息告诉他们,也要坦诚。

➤ **要求严格又懂得满意。**有效的领导能督促员工作出切合实际的承诺,然后强迫他们去履行承诺。对未能实现承诺的低容忍度会鼓励人们作出更加切合实际的承诺。但是如果你对他们从来都不满意,也会使他们失去动力。

➤ **能让人接近又保持适当的距离。**让人接近并不意味着员工可以随时来找你,它意味着以不放弃你的威信的方式让人们接近你。

➤ **决断又审慎。**新领导者希望他们的领导能力被接受,但是表现冲动只能给他们自身带来麻烦。刚上任的时候,你的目标是表现出决断力,但是在对情况有足够的了解之前不要作出关键性决定。

➤ **专注又灵活。**要避免让人觉得你很僵化,不愿意考虑用多种方法解决问题。有效的新领导建立威信的同时会鼓励员工向他提供信息并咨询他人。

➤ **积极活跃又不制造混乱。**建立发展势头与压垮员工之间的界线并不明显。新领导者必须表现积极,但是又不能让人看起来觉得你目标不确定,或者把员工逼得太紧。

➤ **喜欢发布强硬的命令但也很人性化。**大部分新领导接手的员工当中至少有一位需要被调走,这就要求他在任职初期就发出强硬的命令。有效的领导不会回避需要做的事情;回避发出的是不好的信号。关键是进行微妙的人事调动的方式在人们看来要公正,而且要保持当事人的尊严。

根据这些原则,花几分钟时间想想自己的优缺点。认识到下面这点很重要:虽然注意这些原则是十分有必要的,但是想一直在赢得信誉的行为和损害信誉的行为之间达到平衡也许并不现实,因为你作为新领导面对的形势和人变化多样。在某种形势下,你很有可能倾向于偏向某一

第六章

边,因此你对赢得信誉的策略进行评估的时候,要考虑是否会冒下列风险:

> 太直率或太圆滑
> 太容易让人接近或太难让人接近
> 要求太高或要求过低
> 太保守或太冲动
> 太僵化或太灵活
> 过分积极或不够积极
> 太不情愿发出人事变动的命令,或者太容易这样做以致被认为不人性化

影响信誉的因素在一定程度上是由文化所决定的,这在不同组织之间有很大差异。但是在思考如何在你最需要得到他们的支持的人中间建立信誉的时候,以上问题可以作为一个参考。

杜安的初期行动导致的结果是一开始他就失去了信誉,后果是必须对自己的行为作彻底的改变。他对自己接手的影子组织缺乏耐心,又急于想执行州长的命令,这使他陷入了不可能获胜的境地,此时他的表现是太圆滑、太难让人接近、要求太高、过分积极、僵化。假如杜安当初能认识到领导信誉的建立并不是显示自己的威信,那么因他的初期行为导致的灾难性后果就可以避免。更确切地说,建立信誉是通过了解情况、制订计划、主动和关键的内外客户联系,以及创建同盟来支持变革的过程。

定基调

你的分析对于你需要在新组织中确定的基调有什么影响?找出几个你想传达的重要的主题和信息。研究表明,最有效的沟通方式是你清楚地想好几条信息,然后在一对一的会谈中或者在小组会议上重复这些

信息,直到这些信息深入人心。这好比制作一首好的流行歌曲,关键是要找到一个技巧,编写出能让人记住的旋律。

在传达信息的过程中,要记住你的初期行动也会对你留给别人的第一印象产生很大的影响。初期行动常常会转化为舆论,把你定义为英雄或者恶人。你会花时间在正式的场合下把自己介绍给后勤人员(support staff),还是只注意你的上司、同事和你的直接下属?和别人进行交谈这样简单的事情也会使别人把你归为"容易接近"或者"不容易接近"中的一类。你如何把自己介绍给组织员工,你如何对待后勤人员,你如何处理小的烦恼——所有这些行为都可能变成舆论的核心,广泛流传。"这可能是我一开始发出的最重要的信息,"我们采访的一位负责人说,"员工们习惯了以前放任的管理风格,前任领导不好接近,也不接受员工的意见。我希望发出这样的信息,我们将要建立这样一种文化:倾听,收集意见,深入调查并执行。"

这是另一个寻找并且利用施教时机的机会。记住:这些时机不需要激烈的言论或者冲突。它们可以简单到提出深刻的问题,让员工了解某个主要问题。杜安·罗宾逊对组织员工的意见分歧感到失望时,他很快采取了专断的方法,这样他就失去了这个重要的机会。他发出的信息是威胁性的,这引发了许多有关他的不好的舆论,在整个组织很快传播开来,最终压制了工作和沟通。

制订并传达你的愿景

有效地建立信誉为下一步工作——制订并传达有关组织的愿景奠定了基础。[7]为了做到这一点,应该了解有效的愿景是什么,以及如何很好地制订愿景。

第六章

构成有影响力的愿景的因素

为了产生影响力,一个愿景必须包括三个主要因素:与新领导的工作重点保持一致,与提供意义和目的的核心价值观相联系,体现在简明扼要并能引起人们丰富想象的言论中。

与工作重点保持一致。愿景当然必须和新领导者为组织制定的工作重点保持一致。这些重点直接来自你的新上司的期望和你制定的策略。工作重点在两方面对愿景的形成起着重要作用。首先,它们提供了转折点来追踪取得必要的新变化的过程。其次,确定工作重点并且调整愿景使之与工作重点结合起来,结果会使计划更切合实际、更明确。

与核心价值观相联系。有效的愿景是以价值观为基础的,比如正直和忠诚。这些价值观使愿景富有意义,并且提供了一种目的感。[8]诸如忠诚、承诺和奉献、个人价值和尊严以及正直这样的价值观,是新领导者在制订愿景时可以利用的核心价值观。其他核心价值观还包括:

➢ 忠诚
  ➢ 对理想的不懈追求
  ➢ 为实现理想而作出牺牲
➢ 承诺和奉献
  ➢ 为公众服务
  ➢ 创建更美好的社会和世界
➢ 个人价值和尊严
  ➢ 尊重个体,包括摈弃剥削和屈尊俯就的行为,待人态度得体,为所有人提供机会
  ➢ 为每个人实现自己的潜能提供途径
➢ 正直
  ➢ 道德的和诚实的行为

➢在所有交流中表现公正
➢不仅从字面上遵守法律,而且遵守法律的精神

➢成就
➢为达到杰出和高品质而努力的积极性,总是尽自己最大努力,并且不断进步
➢为人们提供富有挑战的机会

➢归属感
➢总是想着团队的好处
➢创造一种能让员工们完成对个人来说有意义的工作的氛围,尤其是在群体之中

➢影响力
➢有影响力和控制力
➢给予个体或组织以认可和重要地位

体现在能引发情感共鸣的陈述中。愿景应该体现在简明扼要并能引起人们丰富想象的陈述中。这些陈述应该包括工作重点和核心价值观,并且对组织进行生动的描绘:它的组织形式,员工们能看见什么听见什么,以及在组织里工作和与组织合作的感觉。比如,给人留下深刻印象的愿景陈述可以是这样的:"我看见人们为完成任务而努力工作,并且贡献出自己的聪明才智。这样做表明,他们有完成任务和为公众服务的责任感。"

制订你的愿景

在大部分公共部门复杂的工作环境里为将来制订愿景与在企业中

第六章

制订愿景有很大差异。正如我们已经指出过的那样,在政府部门,任务、权力,有时甚至是单个部门和机构的资源水平都由法律、制度和行政命令所规定,这一切却在大部分行政人员的控制和影响力之外。除此以外,大部分公共组织的工作透明度很高,由此产生的不断变化的或急切的公众监管可能会带来间接的压力,使本来策划得很好的行动计划发生偏离。更直接的影响是,与企业相比,产生了更多的对组织绩效施加主要影响的利益相关者,而且他们代表的利益更多样化、更富竞争性,使得构想单一未来的过程更加复杂。有人说,未来的问题在于有太多的未来。不考虑这些困难的情况,你仍然需要一个与员工和上司共同分享的愿景,他们可以利用这个愿景作为指导原则,来衡量工作进展和资源需求。

制订这样的愿景,主要应该避开的陷阱是孤立。一个明智的领导者当然应该清楚起限制作用的条件的性质和作用,比如我们刚才提到的那些条件,他还应该清楚愿景中出于各种原因没有商量余地的主要因素。除了这些不能违背的因素,愿景陈述必须非常灵活,能考虑其他人的意见,并且允许他们发表看法,影响愿景制订过程,这样会提高他们的主人翁意识。就像杜安·罗宾逊一样,新领导总是急于要实行变革,实现绩效的提高,以便能继续自己的愿景。不用说,通过员工、上司、同事和其他利益集团来进行愿景的制订很耗费时间,会使人失望,而且常常要求相互妥协。然而,如果要使愿景成为未来行动的指导,它必须获得那些执行愿景的人或者那些为实现愿景提供必要支持的人的协同努力。杜安一开始感到的失望使他没有采取让更多人参与进来的方法,而这种方法本可以极大提高他获得重大初期成效以及在机构内部开始建设性变革的过程的可能性。杜安孤军作战,没能强行使组织发生变化;相反,组织却强行使他发生了变化。

建立并且维持同盟

随着你对新组织的了解进一步深入,你会达到这样的程度:可以开始确立你将采取的行动,以取得初期成效。但是你采取每一步重要行动,都会面临这样一个随之而来的影响力方面的挑战:你如何建立并维持一个支持你的工作重点的同盟?

确定支持者、反对者和"可以被说服的人"

建立同盟就必须要确定并且激活已经存在的或者潜在的支持者。这些支持者可能是对未来有着和你一样的愿景的人,可能是在较小范围里为变革默默工作的人,也可能是还没有适应现状的其他新领导。

建立这样的同盟还意味着要清楚你的反对者是谁,他们反对的原因是什么。他们可能认为你错了,或者他们有其他原因反对你的工作,比如:

- **不愿改变现状。**他们反对可能削弱他们的地位或者改变他们既定身份的变革。
- **害怕表现得能力不足。**如果他们不能适应你提出的变革,而且以后不能胜任工作的话,他们害怕自己被别人认为无能或自己感到自己无能。
- **对价值观产生威胁。**他们相信你倡导的文化会摈弃对价值观的传统定义,或者奖励不当行为。
- **对权力产生威胁。**他们害怕你提出的变革会剥夺他们的权力。
- **对主要同盟产生负面影响。**他们害怕你的安排会对其他他们关心的人或者他们负有责任的人带来负面的影响。[9]

你碰到反对意见的时候,在把人们称为死对头之前,应该尽力掌握

第六章

他们反对的原因。了解对手的动机可以使你作好准备去反驳对手列举的反对你的行动计划的理由。你可能会发现你能使一些初期的反对者发生转变。比如，通过帮助人们学习新的技能，你可以解决人们对能力不足的担心；你还可以对可能受损失的人进行一些弥补，使变革受人欢迎。你争取反对者的能力会有一些实际限制，有时代价会非常高。但是你可以问问自己是否能提出交换条件或者其他形式的补偿来获得支持，比如提出他们感兴趣的行动计划。这样做总是值得的。

最后，你应该找出可以被说服的人，这些人对你的计划无动于衷或者犹豫不决，但是如果能找到将他们的兴趣和你的兴趣相结合的方法，那么你就可能说服他们。这样做，你建立信誉的努力可以获得额外的收益。

和那些你需要他们的资源和社会关系以取得成功的人建立联系不是热情友好的问题。在公共组织，同盟的建立出于组织目的。设计给人留下深刻印象的理由，使它能够激励支持者，缓和反对意见，把犹豫不决的人拉到你这边来，这不仅取决于你的想法到底如何，而且取决于你是否能得到信任。

说服能被说服的人

为了说服那些能被说服的人，你需要了解他们的兴趣，然后精心设计说服他们的理由。你的理由可以根据逻辑和数据、价值观和它们引发的情感，或者两者的结合。以理性为根据的理由应该针对你想说服的人的实际兴趣问题，而以价值观为根据的理由目的是要引起情感上的反应。

但是如果你作出了努力去建立信任，并且提供了充满逻辑和满含价值的理由，却没能使那些你需要他们支持的人按照你的想法改变立场——他们对现状感到满意——那么你该怎么办？如果情况是这样，你需要使用其他技巧来建立你的发展势头:交织的方法和排序的方法。

交织的方法。交织的意思是使人们一步一步朝你希望的方向发展,并且利用小的承诺,使它们随着时间发展成大的承诺。比如,你想开始一项新的行动计划,首先让人们同意参与你的第一轮会议,然后进行一点分析,等等。交织能取得效果,因为每一步都会建立一个心理参照来决定是否采取下一步行动。让人们当众作出承诺或者作出书面承诺会锁定他们的行动方向,这样他们以后要退缩就比较困难了。

有一种克服最初的反对意见的相关技巧:在解决问题时利用多级方法。首先,让人们参与共同的数据收集过程,收集有关你在了解情况的过程中确定的组织绩效的某个问题的资料;接下来,重点转移到对问题和造成问题的原因形成一致理解上;然后,进一步找出解决问题的策略,所有相关各方可以称自己是策略的主人,这样也就成为了策略取得成功的利益相关者。

最后,还可以利用改变行为的方法来改变反对态度。乍一看,这似乎和直觉相悖——毕竟,人们的行为难道不是由态度所决定的吗?事实上,态度—行为的影响是双向的。通过有力的论证来改变人们的态度是可能的,同样,通过以合理的方式改变人们的行为来改变他们的态度也是可能的,因为人们强烈希望能在行为和信念之间保持一致。例如,二三十年前,人们将妇女或少数族裔担任政府部门的领导职务视为新闻,他们很怀疑,这种变化实际上是不是只是走走形式而已。现在,经过各方共同努力,为妇女和少数族裔在政府部门工作排除了障碍,持怀疑态度的人就很罕见了。我们可以从这个例子中得出这样的经验,让人们以新的方式行动,而不要努力去改变他们的态度,这种做法通常是很有道理的。如果你让人们采取正确的行动,他们接下来往往就会有正确的态度。

排序的方法。正如我们所了解的那样,人们经常会在他们社交网络

第六章

的其他人身上寻找"正确思维"的线索,他们会服从那些在某些问题上有专业知识的人。你越是了解这种服从模式,就越能够通过采纳戴维·拉克斯(David Lax)和吉姆·西贝尼厄斯(Jim Sebenius)提出的"排序策略",利用你了解到的情况对一个群体产生巨大的影响。[10]你和潜在的同盟者与可被说服的人建立联系的顺序对你建立同盟的努力有着决定性的影响。为什么?因为你一旦赢得了一位受人尊重的同盟,你会发现吸纳更多的同盟就更容易了;随着你吸纳了更多的同盟,你的资源基础也会相应扩大。有了更广泛的支持,你的计划就更可能成功,这样就能更轻松地吸引更多的支持者。关键的同盟者可能是一位特别有影响力的员工、一位小组正式领导人、一位工会官员,或者一位对其他成员进行指导的非正式小组领导人。

如果你一开始联系的是合适的人,那么你可以建立一个良性循环,如图6-2所示。因此,决定首先和谁联系非常重要,应该仔细考虑。

图6-2 建立同盟循环

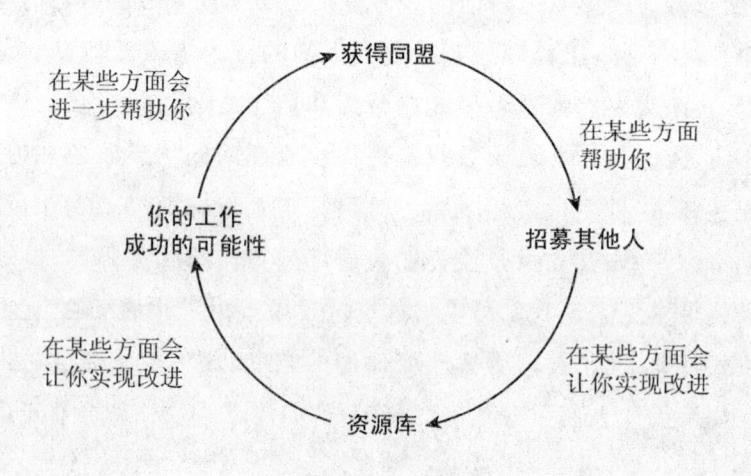

现在回头看看上面讨论的方法,我们可以看出杜安·罗宾逊本来可

以采取另一种方法,他可以利用这种方法来提升机构的公众形象和专业绩效水平。我们假设杜安没有屈从于自己所遭受的挫折,而是在和直接下属的令人失望的第一轮谈话后,后退一步,调整了策略。杜安虽然还处于州长要他快速恢复机构的公众形象的压力之下,但是他可以采取建立同盟的方法——而不是采取专制手段、带有惩罚性的措施以及威胁性的行动——他可以很快判断出在主要的员工里谁是可以被说服的。如果和他们建立了联系,杜安就可以采用交织的方法,从其他人那里获得支持,让员工参与到愿景的制订的过程中来,使机构走出困境。这种方法可能会使州长不耐烦,但是让州长相信这种方法的优点毕竟也是杜安的职责之一。而且,杜安不得不应付的一点不耐烦和被解职的危险相比——他现在采取的方法很可能使他被解职——哪个更糟糕呢?

结论

不论你是第一次担任管理职务,还是被提拔到较高一级的中层管理职务,抑或是被任命负责整个机构,关键的第一步都是要在那些实现你的计划必须得到他们支持的人中间建立信誉。杜安·罗宾逊决定依靠纯粹的权力来创造变革,这些变革对他任务的完成是必要的,但是他很快就明白,权力本身,即使不产生反作用的话,也只能起到有限的作用。正如花时间和精力从合适的人身上获得对机构的正确认识是有必要的,在执行主要的变革计划之前,制定并且利用策略来获取支持以及阻止反对意见,同样非常重要。你最需要得到谁的支持?谁可能成为你的支持者?你如何说服犹豫不决的人?你怎样按顺序安排行动为你的计划营造发展势头?在你开始培育你成功所需的支持的时候,这些都是需要考虑的关键问题。

至于杜安·罗宾逊,我们可以这样假设,作为一个有能力的负责人

第六章

和一个敏锐的学习者,他从自己灾难性的起步中总结了经验,重新调整了工作方向,建立了他所需要的内部和外部影响力,使机构恢复到以前有效的工作状态。杜安的例子以及我们以后将会讨论的几个例子很能给人以启示,因为正如我们已经解释过的那样,如果他采取了不同的行动,失败本可以避免。我们希望,你通过阅读并使用本书能够避免掉入这些陷阱里,从而不致从一开始就遭受挫折。

快速检测表

1. 你的成功最需要得到谁的支持?
2. 哪些影响力网络对你来说是最重要的?
3. 你如何以最佳方式开始赢得信誉?在你的新职务中,信誉意味着什么?在主要的客户中,它的含义有差异吗?
4. 对你的新组织来说,最吸引人的愿景是什么?你怎样才能以最好的方法制订并传达它?
5. 你潜在的支持者是谁?潜在的反对者是谁?可以被说服的人是谁?你怎样检验你对支持意见和反对意见所作的假设?
6. 你将使用哪些影响力工具来说服可以被说服的人?
7. 你如何与关键客户保持联系,并且保证关键的大多数人对你的工作感到满意?

第七章 实现力量的协同

机构主任参加了与新上任的部长的第一次会面,他一回到办公室,负责管理的副主任伊莱恩·特雷维诺(Elaine Trevino)就知道他们会听到重大新闻。里思·富勒(Reese Fuller)部长在金融服务行业的事业得到迅速发展之后来到政府部门,在他为被提名作准备的预备期,他明确表示不会用像平常一样的风格对部门进行管理。在批准任命的听证会上,他的想法得到了机构监管委员会的立法者的大力支持。因此,当机构的高级行政人员集合听取主任的报告时,人们自然能感觉到房间里的气氛很紧张。

使每个人吃惊的是,桌子旁的每张椅子前都摆放着主任的计划,上面只有一个字——"变"。负责人都感到有点不解,他们在会议桌前探着身子,等着听"变"的意思是什么。"女士们、先生们,"主任开始说道,"50年了,我们的机构以本质上相同的方式执行着它的任务。现在,机构即将进行根本的结构调整。富勒部长称之为'以客户为中心的政府部门',他表示他的目标是要通过这种新方法在一年之内提供更好的公共服务。好消息是这种方法不会依靠外部采办,而且部长已经向员工工会承诺,不会因为这项工作而解雇员工。然而,我们面临的挑战是,我们要和富勒部长领导下的其他机构一起,和非公共部门的企业竞争,以获得相当

第七章

大部分的业务,而这些业务一直在由我们提供。在座的每位都应该清楚,为了在竞争中拔得头筹,我们必须转变思维和工作方式,变得更企业化,更以客户为中心。"

然后主任转过身,直接看着伊莱恩。"作为负责管理的副主任,"他开始说道,"我希望你尽快进行一次彻底分析,看看我们的组织方式以及完成任务的方法需要进行哪些变革,使我们能够面对新的竞争。我们的竞争对象是善于在市场中制定成功的方法和策略的人,但是他们对我们的工作的了解不如我们深入。我把这看成是公平竞争,而且我相信,富勒部长说他不会偏向任何一方时,他是认真的;他的目标是提供更好的政府服务,不管由谁来提供。所以,女士们、先生们,我相信我们拥有成功所需的才能和其他资源,你们也可以肯定我不想输掉这场竞争。你们中的每个人在为成功制订计划和实现成功方面都将起重要作用。我现在把部长的备忘录发下去,上面详细解释了'以客户为中心的政府部门'这一策略。请注意,只要我们的执行计划合情合理,部长愿意暂停一些会对为竞争而进行的重组有干扰作用的规定。伊莱恩,我希望在一个月之内看到你的报告。"

高层员工挤在主任会议室外面的走廊里,翻阅着部长的备忘录,伊莱恩感觉到了人们惯常的反应——怀疑、焦虑和兴奋交织在一起。她在机构工作了近十年,很熟悉它的文化、工作体系和大部分员工的职业奉献精神。虽然她相信机构有基本的能力应对新的挑战,但是她并不轻信这些变革将会使这个大型的、以制度为手段的垄断机构,变成一个高效率的、灵活的、能和最好的企业竞争的组织。对未来的展望使她感到兴奋,人还未到办公室,她脑子里已经有很多想法了。

她做的第一件事是,列举出执行机构制订的"以客户为中心的政府部门"的计划所需要达到的主要目标:提高客户服务水平,降低运行成本,增强资源利用的灵活度以促进对技能、工具和信息的集中利用,在整个组织内实行机构精简以消除重复和其他拖生产力后腿的体制上的因素。接下来,她把注意力集中在问题上。

作为一个典型的有组织的政府行政机构,该机构严格按照组织章程和周密的授权进行运作,所有这一切的目的都是为了提供一个稳定的、能经得起审计的机制,为委托机构提供服务,并且向控制预算的行政和立法机构证明它对资源要求的合理性。然而,该机构的客户现在可以选择从其他途径获得服务,在这种环境下要想获得成功,就需要某种灵活性,而这种体制永远也不能适应那种灵活性。

接下来两周,伊莱恩和同级别的同事、员工小组、客户进行了沟通,讨论"以客户为中心的政府部门"战略,并且为它的执行征询意见。她还拜访了几位学术界人士,他们对组织变革的研究使她对变革过程有了更深入的了解。然后她开始准备主任期待的报告。完成报告后,她知道她的调查结果和提出的建议如果得到实施的话,会在机构内部造成一段时间的混乱。但是她也相信,她发现的问题和她提出的变革策略不仅能使组织生存下去,而且能使它在新的"以客户为中心的政府部门"的竞争环境中得到更大的发展。

她提出的策略包括四个方面:
- 在机构运行中引入风险机制。在客户获取机构以及它的潜在竞争者提供的服务时,把机构预算的一部分分配给客户。(伊莱恩相信,这将激发员工的创造力,重新设计工作流程,降低成本,提高整体生产力。)
- 把机构现有的几个支持性组织合并成一个单位,负责新的工作:竞标的准备、绩效衡量以及客户关系。
- 修改现有的报酬和奖励计划,使之与业绩联系更为密切。
- 改变机构的资助方式,从拨款体制改变为运营资金自给,这种方式支持成本决算,使开账单更加便捷,重视提高生产力的措施,提供一

第七章

个能够衡量收支的财务盈亏汇报体制。

在提交给主任的报告中,伊莱恩承认,要很快地把她建议的策略付诸实践,对机构进行重新策划和重新调整,使它能够得到更好的调整,迎接新的挑战,这有很多技术上的困难。但是她坚持认为主要的障碍并不是技术上的,而是文化上的。机构成功变革最终取决于各个级别人员的行为变化;伊莱恩强调,实现那些变革是机构面临的主要挑战。一周后,主任给伊莱恩开了绿灯,真正的工作开始了。

作为建筑师的领导

大部分新领导可能都不会对建筑师的作用很熟悉。很少有管理者接受过有关组织设计的系统方法方面的训练,因为在事业的起步阶段,他们通常对组织只有有限的控制权。我们经常会看见这样的情况,较低级别的员工抱怨组织设计存在问题,而且他们觉得奇怪,为什么较高层人员会让这么明显的运行不良的安排继续存在。但是当你自己升到了中层管理人员的职位,你同样会容忍自己以前批评过的糟糕的组织体制。在大部分组织中,情况都是这样。因此,你应该在事业起步时就尽早学会如何评价和设计高效、有力的组织。

为什么?因为如果战略本身是错误的;如果组织体制误导了员工的注意力,或者更糟糕,引起了冲突;如果主要的流程和体系缺乏效率或不可靠;如果组织员工的技能不足以完成手头的任务;或者如果组织的文化以某种方式压制了领导者进行变革的能力,那么即使是最敏锐、最积极、最有领袖魅力的领导者也不可能指望获得很大的成就。因此你至关重要的设计目标是让组织架构与你要实现的目标和外部环境的要求相适应,这些目标和要求在组织的任务和目标里都有规定。

什么是组织架构?它是下列五个关键因素的总和,每个因素代表着

任何一个组织必不可少的一方面：[1]
- **战略**。组织为了实现目标而采用的主要方法。
- **体制**。人们在业务单元里的位置如何？他们的工作如何得到协调、监控和奖励？
- **系统**。完成布置给组织的任务所使用的工作流程。
- **技能**。组织里各种人群的能力。
- **文化**。围绕其他四个设计因素并影响人们行为的价值观、规范和假设。

以上五个因素之间的不协调会使最好的战略失去作用。虽然战略驱动着其他因素，但它在很大程度上也受它们的影响。比如，像伊莱恩一样，你要重新调整一个本来就很成功的组织，你很可能要调整战略，使体制、系统、技能和文化适应新的方法。因此，明确你的战略和调整支持性因素必须同时进行。

把组织看成系统

如果你想成为一个有力的组织设计者，你首先必须清楚你在设计什么，以及不同的设计选择怎样互相发生作用，影响工作。你一开始就要明白组织是开放的系统。

"开放"指的是这样一种现实：组织受到外部环境的深刻影响。在政府组织中，任务和目标受公共环境、主要客户的要求、法律和规章制度的限制等因素的影响。封闭的系统是指所有的行为在组织内部发生，所有相关的可变因素都可以得到控制；很明显，封闭系统的设计和管理更容易。每个组织都是一个开放的系统，它通过设计一些方法来控制外部环境的关键因素而努力达到封闭。然而，封闭并不会真正在组织里发生；在组织设计中，外部影响总是会起到关键作用。[2]

如图7-1所示，"开放系统"的"系统"指的是，组织是由上面提到的五个不同的设计因素构成的，这些因素之间相互作用。这对你作为一个

第七章

组织设计师而言有两方面的重要意义。首先,你不仔细考虑某一个因素对其他因素的意义就不能对它进行改变。最常用的变革组织的方法首先集中在改变战略上,然后使体制与之相适应。就它本身来说,这种变革能够比较快地实现,而且是好的做法。但是,对战略和体制的重大变革将会带来系统、技能甚至文化的变革。如果对这些变革没有清晰的思路,这些变革也没有被执行的话,那么组织将失去平衡,许多人的努力也将失败。这些调整上的不力通常可以得到解决,但是要在遭受大的挫折和生产力损失之后。所以,你要把对战略和体制进行变革的计划看成第一阶段,第二阶段要进行同样严格的工作来处理变革对系统和技能的影响。文化是组织架构的最后一个因素,在你改变人们的行为并对组织架构的其他因素进行变革时,文化会作出反应,并且会逐渐发生变化。

图7-1 组织架构的基本组成部分

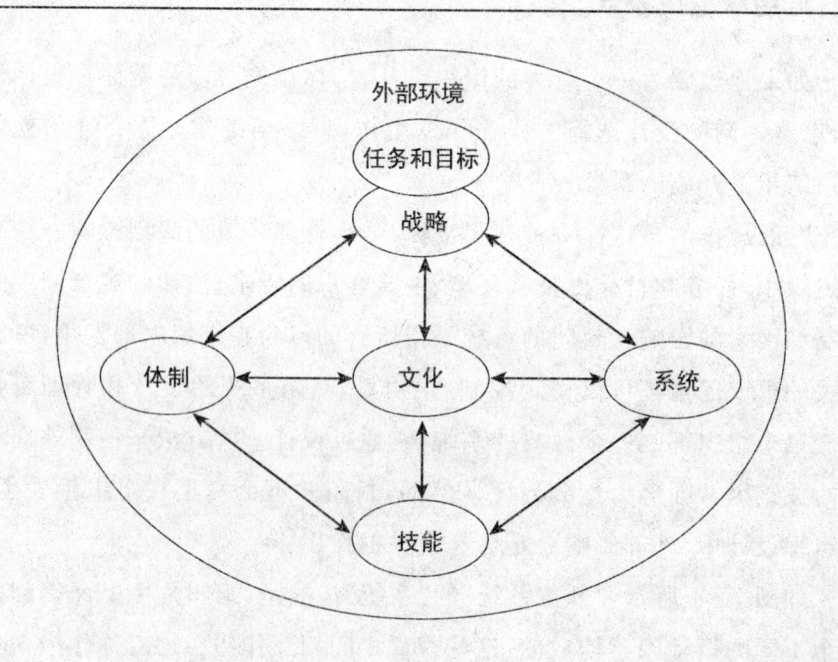

实现力量的协同

"把组织看成系统"这一模式的第二个含义是,从图7-1罗盘表的任何一点开始重大的变革都是有可能的。如前所述,常见的顺序是首先改变战略,其次是体制,然后(希望能)处理这种变革对系统和技能的影响。但是也可能从系统和技能变革开始,有时候这更有效。比如,只要你认真思考了它对技能、文化和体制的影响,那么工作程序的重新设计可以成为精简组织的有力工具。只要组织的程序能得以改进,程序的重新设计甚至可以对战略产生影响,因为组织能够做以前不能做的事情了。

有许多现实的例子可以说明公共部门组织协调体制和战略的情况。比如,国内税收署(Internal Revenue Service,IRS)十多年来一直努力升级它的数据处理能力,以便能更好地审核它每年收到的差不多2.5亿份报税表。开发并且使用这项新技术的努力并没有成功,原因很多,其中一个不可忽视的原因便是创建一个更加有效的IRS的设想遭到了来自选民和政治上的反对意见。但是到了20世纪90年代中期,IRS受到了来自议会和其他各方的压力,要求它放弃传统的法律执行的方式,采取更加以客户为中心的战略。

在一位有着丰富企业经验的新专员的领导下,IRS在通信技术方面进行了大量投资,这些技术的设计在很大程度上是要使税务官员以及技术援助人员和纳税人保持更密切的联系。和现代的审计技术相结合,IRS——通常被称为美国最不受欢迎的机构——的文化发生了极大的改变,从完全强制执行转向了强制执行和客户援助相结合。虽然它还没有得到纳税人的爱戴,但是今天的IRS与过去相比已不可同日而语,这在很大程度上是由于对技术进行了明智而准确的投资,目的是要在这个不受人欢迎但是又很关键的政府部门促进一种新型文化的形成。[3]

从把有新技能的人引进组织开始变革也同样可行。比如,世界银行(The World Bank)的员工曾经几乎清一色是经济学家,他们当然相信

第七章

经济模式的力量决定发展的方向。从20世纪90年代中期开始,世行的领导人共同努力,开始招聘其他类型的社会科学家,比如人类学家和社会学家,这些人对如何更好地促进发展有自己的模式。虽然很费时间,但是这种技术库的重大变化影响了世行的体制以及它和发展中国家打交道的程序,最终影响到它的基本决策。

发现不协调的方面

组织可能会有很多不协调的地方。国内税收署和世界银行的领导人面临的挑战代表了组织出现的不同类型的不协调。在过渡初期,你的目标应该是找出潜在的不协调的地方,然后制订计划对它们进行修正。常见的不协调有以下几种类型:

➤ **体制和战略不协调。** 伊莱恩·特雷维诺任职的机构的特点是,职能部门分割而且经常重叠,人员配备体制僵化不灵活,工作量和生产力衡量标准不统一,内部信息沟通不顺畅。所有这一切都不能满足完成部长新命令的需要。体制对未来的成功起着阻挠作用,需要进行大的重新调整。

➤ **技能和战略不协调。** 假设你正在领导一个采购办公室,办公室已经接受了任务,采购最新的IT系统,这项任务对机构提供客户服务的战略是不可或缺的。然而,你的员工缺乏在充满竞争的环境下采购这种系统的经验。这种情况下,你团队的技能和机构战略的要求不匹配,因此需要新的知识使那些技能符合要求。IRS在把自己重新定位为以客户为中心的机构的过程中必须克服这种障碍。

➤ **系统和战略不协调。** 想象一下,你是一个大型州立福利部门的IT经理。最近通过的福利改革方面的法律要求你们机构收集、传播并且解释复杂的全州劳动力的数据,这种解释要求还是第一次。以前，机构的信息战略仅仅是收集并且分发数据；但是现在，立法要求机构领导者解释统计数据的意义，并且对政策性的计划提出建议，以进一步完成减少福利救济人员数量和提高以前的救济享受者的就业率的目标。目前使用的管理信息系统已经用了十年，不再能适应新的要求，因为那个系统的设计仅仅是为了收集数据，并不包括分析数据的软件。你们组织的系统不支持新任务要求的战略。世界银行就曾面临过这样的挑战；即使获得了它认为所需的新技术之后，它仍旧发现现有的执行系统不够完备，妨碍了组织实现行动计划。

战略是评价潜在的不协调的出发点。如果你们组织的战略与规定的任务和目标相符合，那么它很可能创造出它理想中的公共价值水平。如果战略与任务和目标不协调，那么战略就需要改变。但是怎样改变呢？体制又怎么变？体制支持战略吗？如果不支持，那么体制变革是否必要？如果有必要，那么组织的系统、技能和文化怎么变？

精心制定战略

在本书的引言中，我们讨论了在没有计划的情况下就进入过渡期的危险——我们把它比做盲目地飞进狂风暴雨之中。这种提醒的重要性对正在经历变革的组织和领导这一变革过程的领导者来说同等重要。组织设计有一种必要的逻辑，如果匆忙之中忽略了这种逻辑，或者置这种逻辑于不顾，那么组织变革中固有的困难会使哪怕是意图最好的努力都偏离预期的方向。

首先，你必须了解组织较大的目标以及实现该目标的战略，你还必须保证你和上司就你和团队在实现目标的过程中所起的作用达成了一致意见。然后仔细思考团队在战略中所处的位置。精心为团队制订一个符合逻辑的行动计划——一个不仅规定团队做什么，也规定它不做什

第七章

么的行动计划——会使你能够实现目标,并且为组织的战略性目标作出贡献。

在政府部门,根本的战略性问题包括:组织的任务、团队工作中各种利益相关者的利益、你必须遵守的法律或者规章限制、团队现有的技术和能力,以及所需资源的可获得性。利用下面的内容勾画出你们团队的战略的基本内容:

> **任务**。企业的存在为企业主创造价值,政府部门的存在创造公共价值。因此,企业通常用利润作为衡量成功的手段。但是,政府部门的活动形式多样,这使得对公共价值的确定和衡量标准在不同的机构之间有很大差异。不同政府部门的任务不同——提供服务、收集分析信息,或者保障法律和制度的执行——它们的战略相应地也有极大的不同。比如,以客户为中心对 IRS 来说可能是一个理想的目标,但是对 FBI 就不是——如果罪犯和恐怖分子可以被认为是执法部门的客户的话。所以,评估和制定战略时需要提出重要的问题:我的组织的任务是什么?人们期待它创造怎样的公共价值?怎样才能尽快而且有效地创造这种价值?表 7-1 提供了一些例子,说明政府部门如何创造公共价值以及发布相关的战略性指令。注意,在你的组织中可能有些业务单元负责提供服务,有些负责分析和上报,有些负责监督和守法。如果情况是这样,你应该着重明确任务,然后应对战略对每一个业务单元所带来的影响。

> **利益相关者**。谁是影响你们团队运行方式的最重要的利益相关者?在公共部门,这些利益集团所涵盖的范围可以从垂直方向上的上司和下属(包括公共部门员工工会),到内部水平方向上的关键支持性职能部门,最后到外部的立法机构、预算和税收管理机构、客户和像新闻媒体这样的有影响力的公共观察者。这些人当中,谁对你们团

队的绩效有最直接的影响？谁最依赖你的成功以获得自己的成功？在制定战略时你必须和谁一起商讨？

表 7-1 任务和战略性指令

公共组织类型	任务	例子	战略性指令
提供服务	尽可能为公众提供快速而有效的具体服务	保健机构、基础设施开发项目、金融服务机构、信息发布部门、社会服务机构	有效服务、安全和正直、错误最小化
分析和上报	向政策制定者提供具体的信息和分析	财政部、预算管理部门、情报机构	精确、及时、风险管理
监督和守法	保证个人和机构遵守具体的法律和规定	IRS、行政管理机构、执法部门	有效性、公正、危机规避

➢ **限制**。在公共组织中，任务、目标、组织体制以及机构工作的衡量标准，通常由法律法规作出详细规定。改变这些法律法规往往需要得到许多级别的批准。在伊莱恩·特雷维诺的这个例子中，部长颁布的新战略就包括承诺解除一些限制性的规定。你有多大的行动自由对组织的战略、体制、系统、技能和文化实行快速的变革？

➢ **能力**。你们团队的优势在哪儿？劣势在哪儿？根据哪种长处你能制定改进的战略？哪些勉强够格的工作能力必须加以改进？必须创造或从团队外部获得哪些能力？

➢ **资源**。在政府部门，要想得到人员、资金和空间通常需要花费很长时间，而且必须经历各个级别的评估。即便你的要求被批准了，由于采购和人事体制的要求，真正获得这些资源还需要很长的时间。因此，除了新领导相对难得碰到的开创局面的形势，或者不那么难得碰到的扭转局面的形势，不要指望能够立即获得资源；手头有什

第七章

么就凑合着用什么可能是工作开始时的规律。

考察了构成你的团队战略的基本因素之后，下一步就要理解它的逻辑。历史又很重要。首先，仔细阅读你能得到的描述团队的任务和过去计划的文件。然后把计划分成几个小的组成部分——比如，目标和宗旨、聘用体制、预算、工作量的衡量标准、工作流程、工作绩效的衡量标准和汇报制度。计划的各组成部分之间是否相辅相成？是否有逻辑线索把它们联系起来？比如，在工作量的衡量标准、聘用体制和工作绩效的衡量标准之间是否有明显的联系？如果组织的形势或者任务正在发生变化，是否有相应的计划让员工接受新的培训或者掌握新的技能，为变化作好准备？如果是出色的计划，那么这些联系很容易就可以看出来。

接下来，你应该评价现有战略是否合适，看看它是否能够提供组织未来一两年内所需的资源。现有的战略是否能支持组织目标的实现？它是否能使组织完成任务以获得成功？为了评价战略是否合适，要针对在现有条件下是否能获得足够的资源以及成功的实际可能性，向上司和员工提出一些深入的问题。然后使用著名的SWOT方法来分析现有战略的优势、劣势、机会和威胁（见"'SWOT'分析法"）。你的组织是否有足够的灵活度对变化的形势作出反应？获得新资源方面，它是否十分依赖不可靠的假设？是否存在没有达到的组织要求，而你的团队能满足这种要求？你的组织是否由于过时的技术或者低效率的工作程序而处于被边缘化的危险之中？我们可以认为IRS正面临着这样的挑战。

最后，你应该评估战略的完成情况。不论战略制定得多么条理清楚，也不论它多么明智地满足了未来的需求，如果它不能得到有效的执行，那么一切都是空谈。战略中详细规定的绩效衡量标准在日常决策中是否真的被利用了？战略中要实现的主要目标是否和高级管理层真正关心的事情相一致？人们是否按照要求的那样进行跨专业合作？是否有足够的培训向人们提供所需的技术？

对这些问题的回答会告诉你是需要改变团队现有的战略呢，还是仅仅改变执行战略的方法就足够了。有可能要求对战略进行一些改动，因此接下来的任务就是决定怎样改动战略。

SWOT 分析法

SWOT 分析法可能是最有用的，当然也是最容易引起误解的决策分析框架。SWOT——代表优势（strengths）、劣势（weaknesses）、机会（opportunities）和威胁（threats）——最初是在1960至1970年间由斯坦福研究中心（Stanford Research Institute，SRI）的一个研究小组提出来的。[a]研究人员想要找出"公司规划法"失败的原因——这种方法由杜邦公司于20世纪50年代提出，并且在企业界广泛应用。

到了20世纪60年代，美国和英国的大部分公司都有公司规划经理，负责分析环境和机构并制订战略性计划。SRI研究小组最重要的发现是，CEO们不应该把制定决策的职能委托给别人，而是应该成为组织主要的战略家，并且和其他高级管理人员合作制定并且推动决策——可能也会从公司的战略小组那里得到过程支持。

SWOT作为一个实用的工具被提出，帮助高级管理人员承担起这一职责。这种方法的本质就是把内部能力（优势和劣势）与对外部状况的评价（威胁和机会）进行并列分析，目的是明确战略重点，并制订计划应对这些重点。

不幸的是，方法的提出者们决定称之为SWOT，暗示着必须按照那样的顺序进行分析：首先分析优势和劣势，然后分析机会和威胁。这给那些想利用这种方法推动团队决策讨论的人带来了无尽的麻烦。问

第七章

题是讨论组织的优势和劣势在缺乏讨论支柱的情况下,很容易变成抽象的、无方向的纸上谈兵。结果组织通常不能及时确定自己的优势和劣势,最终人们会感到沮丧和疲惫不堪,因而漠视外部环境的重要发展情况。

进行分析的正确方法是,从环境入手,然后分析组织本身。如下图所示。第一步,评价组织的外部环境,寻找正在出现的威胁和潜在的机会。很自然,这种评价应该由立足于组织的现实并且了解它的环境的人来做。

明确了潜在的威胁和机会之后,下一步要参考组织的能力对它们进行评估。组织是否有某些劣势,使它特别容易受到特定威胁的影响?组织是否有某些优势,使它可以追寻特定的机会?

最后一步,把这些评价转化成一系列战略重点——削弱关键的威胁,追寻可能性高的机会。这些举措是对更大范围的战略规划过程的贡献。

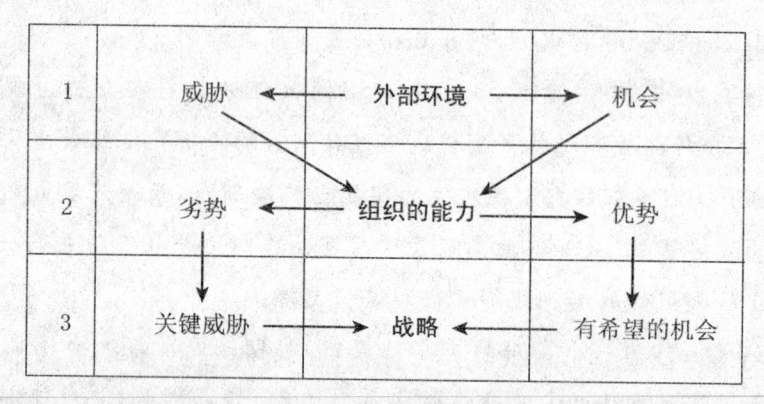

1	威胁 ←—— 外部环境 ——→ 机会
2	劣势 ←—— 组织的能力 ——→ 优势
3	关键威胁 ——→ 战略 ←—— 有希望的机会

a. 研究小组包括 Marion Dosher、Dr. Otis Benepe、Albert Humphrey、Robert Steward 和 Birger Lie。参见 A. Chapman,"SWOT Analysis,"Businessballs.com,2005,http://www.businessballs.com/swotanalysisfreetemplate.htm.

领导战略性变革

　　假设你在战略中或者它的执行过程中发现了一个重大的问题,你能在不严重扰乱团队正在进行的工作的情况下进行大的变革吗?答案取决于两个因素:你所面临的STARS形势,以及你说服其他人支持你的想法的能力。

　　在重新调整阶段最为困难的是对战略的重大变革提出建议,因为你必须说服那些认为工作已经做得很好的人,使他们相信变革是必要的。如果在对既定的战略进行评估之后,你得出团队正在朝着错误的方向前进的结论,那么你的首要任务就是说服你的上司和其他人,有必要对战略进行重新审查。你可以提出这样的问题:如果我们继续沿这条路往下走,意想不到的结果可能是什么?完成这个计划所需要付出的努力是否会消耗太多的资源,并且排挤掉其他更重要的目标?相反,如果你得出的结论是,战略使你的团队朝正确的方向前进,但是速度不够快,走得也不够远,那么最明智的做法是,初期的时候对它进行小的修正,并且为以后大的变革制订计划。比如,在取得初期成效以赢得信誉的过程中,你可能想加快一些培训工作,或者加速获得一项新技术。更加关键的变革应该等一等,直到你完成了了解情况的过程,得到了主要利益相关者的支持。你得说服他们中的许多人,让他们相信你提议的变革能带来好处,在政治上也是可行的。

改变体制

　　一旦你完成了对团队战略的评估,并且进行了你认为必要的修改,你就能回答现有的组织体制是否支持新的战略的问题了。体制到底是什么?简单地说,体制就是团队将人员和工作流程(包括技术)组织起来

第七章

以支持它的战略的方法。体制由以下几个方面构成：

> 业务单元。你管理的人是如何被分组的，比如根据职责、服务、客户、地域，或者考虑这些因素的总和。

> 决策权。谁被授权作出各种决定，他们有多大的自行决策权。

> 隶属关系。人们如何进行观察，如何控制工作的完成方式。

> 绩效衡量标准和奖励制度。绩效评估标准和奖励体系是什么，采取了何种奖励措施激励人们的行为。

> 信息共享和整合机制。组织的个人和团体如何共享决策信息；如何对工作进行整合，完成任务和行动计划。

在决定重新改造团队的体制之前，要仔细考虑这五个因素是如何相互作用的。团队成员的分组方式是否有助于实现目标？谁有决策权？他们的工作如何监管？最重要的成绩是否被衡量并得到了奖励？信息是否以最佳的方式流通，以有助于组织的高效运作和决策的制定？这些现有的机制是否能保证各项工作得到整合？

除非你处于开创局面的形势中，不存在既有的体制需要进行评估，否则对这些有关组织体制的基本问题作出回答，将会使你能够对必要的变革作出正确的决策。

你这样做的时候要记住，不存在完美的组织；每一个对组织进行设计的努力都有必要进行协调平衡。比如，领导者必须经常评估通过削减成本、裁员以及统一组织来提高内部效率的各项工作之间的协调平衡。这些工作虽然可以改进工作程序，但是它们的结果只能损害组织提供公共服务的有效性，而组织的设立就是为了提供公共服务。公共部门通常处于这样的压力之下："成为所有人的万能药"。这不可避免地会破坏工作，损害能力。想在每个方面都表现出色的组织结果只能一事无成。

因此，你的艰巨任务就是为你所处的形势找到一种平衡。下面列举的是你在考虑体制变革的时候可能遇到的常见的问题。

> 团队的知识结构太窄、太宽或者太过时？当有着相似的经历和接受过相似培训的人组合在一起的时候,他们能够把许多专业知识聚集在一起,但是他们也可能高度分工,从主流的中心工作程序中分离出来。同样,拥有不同技能的人组合在一起使他们更容易和中心程序相融合,但是他们可能付出的代价是限制了更深入的经验的获得。而且如果员工发展计划不强调跟上技术和工作趋势的最新发展,那么就会出现停滞以及伴随着停滞而来的对变革的抵制。

> 参与决策的员工范围太窄或者太宽？虽然集中决策是最快的方法,但是它往往会将那些接近一线的人的意见和智慧排除在外,这些人可能更有资格作出某些决策。相反,如果决策参与范围铺得太大,那么可能遇到这样的风险:决策权被放在了那些发布不明智的命令的人手里,因为他们不清楚他们所作出的选择可能造成的较大范围的后果。可遵循的一般规律是,决策应该由那些拥有最相关知识的人作出,只要对他们的激励机制能鼓励他们做出对组织最有利的事情。

> 员工得到了不适当的奖励吗？这是公共部门组织存在的主要问题。近几年有许多小型实验性质的项目,尝试按业绩取酬的方案。除此以外,行政部门的规定大多倾向于按个人工作年限而不是业绩给予奖励,这些规定往往鼓励追求个人利益而非集体利益。对集体进行奖励可能是解决这一问题的方法,因为这种奖励方式能使人们的干劲儿集中到组织工作上来。

> 报告关系是否会对信息流进行过滤？报告关系有助于观察并控制团队的工作情况,明确职责,鼓励问责制。等级严格的报告关系可能会使这些任务更加容易,但是它们可能会从垂直方向约束信息的流动。像矩阵式结构这样更为复杂的报告关系的安排能够促进水平方向的信息分享,但是它们的危险在于可能分散个人责任,给绩

第七章

效衡量和奖励带来困难。

伊莱恩·特雷维诺的机构所采取的战略涉及所有这些问题,该战略是为了重新给组织定位,使它能够和私营供货商进行有效竞争。机构的综合目标是以客户为中心,全力以赴控制成本,放松业务单元之间的界线,从而集中资源,重新制订报酬方案以鼓励员工的工作积极性,并消除体制性重复,这些目标使机构摆脱了历史上的稳定体制,朝着"以客户为中心"的政府行动计划所展望的更灵活的模式前进。

协调关键系统

系统,也被称为"流程",可以使你的团队把信息、材料和知识转化为对全机构和其他利益相关者至关重要的产品或服务。同体制一样,你首先必须问一问,现有的流程是否支持战略,从而使你的团队实现或者超越战略制定的目标。

目标不同,执行战略所需的流程也将发生变化。比如,如果你的主要目标是高效可靠地提供现有的产品和服务,那么你就必须把重点放在对结果(生产力目标)和手段(方法、技术、工具)进行详细说明的流程的开发上。但是这些相同种类的流程会对革新产生阻碍作用。因此,如果激发创造力是你的主要目标,那么你的流程应该更加重视确定目标并且严格检查关键时期实现目标的进展,而不必太重视对手段的控制。实现战略和系统的协调统一的第一步,你应该进行流程分析,制作一个流程图来描绘出你的团队内部采用的每一个系统,找出那些对你的战略(关键流程)起着重要作用的因素,检验现有的相关衡量标准和奖励系统是否恰当,并且确定阻碍发展的关键瓶颈。

为了对每个中心流程的效率和有效性进行评估,你应该考察以下四个方面的内容:

> **生产力**。该流程是否高效地把知识、材料和劳动转化成价值?

> **及时。**该流程是否及时传递了期望的价值观？
> **可靠性。**该流程足够可靠，还是总是出问题？
> **质量。**该流程传递价值的方式是否总能满足质量水平的要求？

当系统和体制相一致的时候，它们之间互相强化，同时也能强化战略。比如，一个地方政府福利机构的体制使得受过培训的团队和特定的客户人群（比如儿童、青少年、年轻的成年人和父母等等）进行合作，这就体现了一个流程，在这个流程里，一个团队收集的信息可以集中起来和其他团队共同共享。这种正式的信息共享过程使得团队对可能面临类似的或者相关形势的其他团队保持警觉，这样能提高机构的整体工作水平。当系统和体制不协调的时候，比如，不同的团队为获得同一人群利用不同的手段进行竞争，那么他们就会互相削弱力量，破坏大团队的行动计划。

你怎样才能真正改进一个核心流程呢？首先，像我们前面提到的那样，制作一个流程图——一个直观的图表，描绘某一流程的任务是如何在负责这些任务的个人和小组之间流动的。图7-2描绘的是为某个机构的材料必需品提供服务的供应单元的流程。

图7-2 流程图

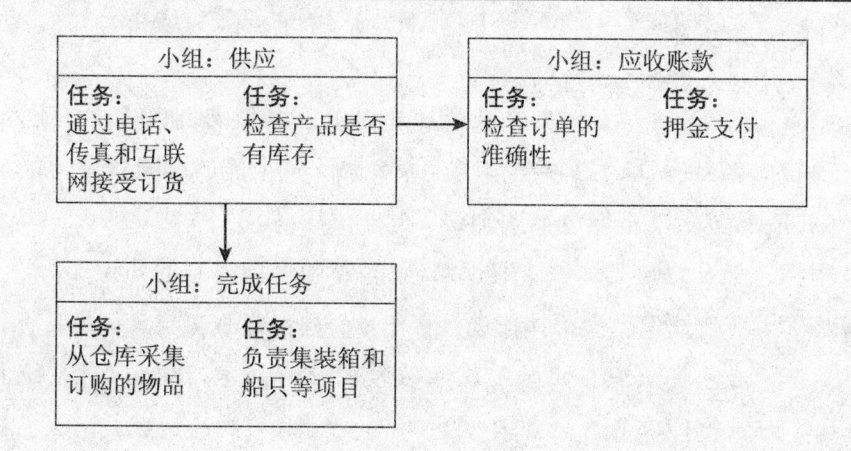

小组：供应		小组：应收账款	
任务：通过电话、传真和互联网接受订货	任务：检查产品是否有库存	任务：检查订单的准确性	任务：押金支付

小组：完成任务	
任务：从仓库采集订购的物品	任务：负责集装箱和船只等项目

第七章

团队应该研究这个流程图,确定阻碍发展的关键瓶颈以及负责各项任务的个人之间出现问题的界面。比如,生产部门要求订购某种材料,供应部门传达了执行订单的紧迫性,但是在向完成任务小组传递的过程中信息却丢失了——在这种不插手的过程中,很容易出现流程故障,这时可能出现错误或者延误。一旦发现了某个妨碍整个供应过程可靠性的问题,团队就应该制订方法减少它再次发生的可能性。

流程分析激励集体了解情况。它有助于整个团队明白,在单元和小组内部以及单元和小组之间,为了实现某个流程谁应该干什么?正如上面讨论的流程故障的例子所说明的那样,流程图也可以说明问题是怎样出现的。

再提醒几句。你很有可能正在管理着几个流程。如果是这样的话,要把它们当成一个组合加以管理。不要同时在多个核心流程中引入根本性的变革;你的团队不可能一次接纳太大的变化。比如,正如我们前面提到过的,有问题的流程不要立即实现自动化。这种方法很少能解决隐藏在流程低效率后面的真正问题。流程方面的问题经常表现为错误传达信息,对预期产生困惑,以及误解机构的工作方式。解决深层次的问题比简单地依靠自动化会有更大的帮助。

培养团队技能

你的员工是否具备必要的技能和知识出色地完成团队的核心流程,以支持你制定的战略?如果不具备,那么团队整个脆弱的架构就可能坍塌。技能库包括以下四方面的知识:

1. 个人的专业知识。通过培训、教育和经验得到的知识。
2. 理性知识。懂得如何进行合作,以整合知识,实现具体的目标。
3. 嵌入性知识。团队工作所依赖的核心技术,比如信息系统和数据库。

4. **元知识**(meta-knowledge)。知道哪里能够得到关键信息。比如，通过内部支持性职能部门，或者相关知识和专长的外部来源。

评价团队能力的至关重要的目标是要明确：(1)所需的知识技能和现有的知识技能之间的主要差距；(2)未充分利用的资源，如部分被利用的资源和未被使用的专业知识。消灭差距，更好地利用未被充分利用的资源，它们本身就能在工作和生产力方面产生巨大的效益。

要找出所需的知识技能和现有的知识技能之间的差距，首先你应该重新考察你的战略和你确定的核心流程。问问你自己，四种知识类型中，你需要哪些来支持你们团队的核心流程。然后评价团队现有的技能、知识和技术。你看见了哪些差距？哪些差距能够很快消除，哪些还需要时间？

要找出未被充分利用的资源，你应该在业务单元里寻找那些表现突出的个人和小组。他们为什么能做得更好？他们是否享受了可以转移给单元内其他人的资源，如技术、方法、材料和关键人物的支持？是否由于缺乏兴趣或资源，很合理的工作改进意见被束之高阁了？

理解文化

一个组织的文化会影响它解决新问题的方法——这些问题在现有的行政体制下没有得到解决。因为这些行政机构和它们的规定是静止的，只为影响当前而服务，所以它们对一个行政机构应该如何面对新的挑战和问题没有多大帮助。因此，必须应付形势变化的领导最可能受到组织文化规范的影响。在这一点上，文化比规定更重要。

认识一个行政机构现行文化的关键是区分它的设计（包括规章制度）和它的文化。我们在前面已经指出，行政机构受书面制度的管理，而且在很大程度上受这些制度的限定，因为它们所起的作用是调节行为，分配决策权，以及确立把行政机构结合在一起的权力等级。

第七章

组织文化也受制度的管理,但是形式不一样。它是受一系列非书面规范的支配,这些规范虽然在一定程度上受到组织设计的制约,但是它们扎根于整个社会的精神特质中,而行政机构正是向社会提供服务的。因此,与管理政府机构运作的正式制度相比,规范不那么显而易见。这并不意味着在影响机构官员和其他人方面,文化规范比书面制度的影响力要小。相反,文化往往胜过制度,这就是新领导必须了解它的原因。

行政机构里存在的文化受内外力量的影响。内部力量很大程度上是制度性的,如机构的制度设计和机构运行遵守的规范。然而,要了解外部力量,你应该记住本章前面讨论过的,把组织看做开放的系统,认真思考组织范围之外的世界的大文化。

也许任何领导者所起的最关键作用就是诠释,特别是那些机构最高层的领导者;制度可能提供一个行动框架,但是它们本身并不代表决定。领导者以及所有对他们产生影响的人都是社会人,他们和其他个体一样有自己的偏好、兴趣和担心。这些因素和整个社会流行的文化规范一起影响人们在由制度管理的框架里工作的方式。因此,面临调整挑战的领导者必须同时考虑组织体制和文化规范。

避开常见的陷阱

在你担任组织建筑师的角色时,要记住太多管理人员依赖简单的方法去解决复杂的组织问题。要警惕下列常见的陷阱:

> **想重新调整方法使组织摆脱更严重的问题。** 在困难时期对团队体制进行全面改革根本无济于事。在你明白重组是否能解决问题的症结之前不要这样做。否则你可能会引起新的不协调,而且不得不退却。这一过程会扰乱你们团队,降低生产力,损害你的信誉。

> **建立过于复杂的体制。** 这是一个相关的陷阱。虽然建立一种体制,

比如矩阵体制,让不同单元的人共同分担责任,并且通过人们的交流互动来产生创造性张力,这在理论上听起来很好,但是结果往往造成机构的瘫痪。只要有可能就要清楚地划分责任界线;在不损害核心目标的情况下,尽可能简化体制。

➢ **使有问题的流程实现自动化。** 团队的核心流程实现自动化可能会在生产力、质量和可靠性方面产生很大的收益,但是如果流程本身存在严重问题,那么仅仅通过技术加速现有的流程是错误的。自动化解决不了这样的问题,甚至会使问题扩大化,解决起来更困难。你首先应该分析并且精简流程,然后再判断自动化是否仍然有意义。

➢ **为变革而变革。** 要抵制这样一种诱惑:还没有弄明白篱笆墙为什么装在那里就想把它们拆掉。对新领导来说,尊重过去很重要。那些给自己施加压力想给组织留下印象痕迹的人,往往在真正明白他们所面对的形势之前就进行战略或体制变革。

➢ **高估团队吸收战略性变革的能力。** 设计一个雄心勃勃的新战略很容易。但实际上,面对大规模的战略性变革,团队要变化是很困难的。如果时间允许,最好一点一点往前进。集中解决几个关键的重要问题。对团队的战略进行适度的改变,接着进行实验,然后循序渐进完善体制、系统、技能和文化。

➢ **低估外围利益相关者的重要性。** 在政府机构,利益相关者的数量很多,他们的利益广泛、视角多样。因此要避免成为这样的想法的牺牲品:在不做好铺垫工作比如建立同盟,或者至少在那些利益相关者之间达成一致——的情况下,变革也能发生。

第七章

结论

想要成为政府部门的一位有效的高级领导,你必须作好准备担任组织的建筑师。即培养观察力,找出战略、体制、系统、技能和文化之间不协调的地方。利用这些分析制订协调组织的计划。如果你努力想使人们的行为更加积极,而结果却不断令你感到失望,那么后退一步,问问自己,组织的不和谐是否正在造成问题。

快速检测表

1. 制定战略时,需要考虑有关任务、利益相关者、限制、能力和资源的哪些因素?
2. 组织现有的战略是否符合逻辑?是否合适?你认为需要进行哪些变革?
3. 组织现行的体制有哪些优势和劣势?你正在考虑哪些变革?
4. 组织的核心流程是什么?它们运行是否正常?你认为改进的重点是什么?
5. 你发现了哪些技能上的差距和未被充分利用的资源?改进的重点是什么?
6. 文化方面起积极作用和阻碍作用的要素是什么?你如何着手加强那些起阻碍作用的要素?

第八章　避免可预见的意外

卡丽·布赖斯（Carrie Brice）所在的机构接受国家公共管理学会颁布的"工作优秀奖"已经两年了，只有 1/10 的政府部门得到了这样的荣誉。自那以后，卡丽多次参加小组专题讨论会，并且在多个场合就"激发政府部门活力"这一主题作大会发言。在这家农业支持性服务机构的内部高层管理人员对这一奖励大加宣传，认为它证明了员工的能力以及他们对几年前开始的改革计划的奉献精神。作为负责实地工作的副主任，卡丽在这一过程中因为自己的角色得到了特别的认可。她负责一个似乎正在正常运行的办事处的综合性重组，目的是为了大幅度地改善服务。她被认为是主要候选人，接替计划一年之内退休的机构主任。

有一天深夜，主任给她家打电话，告诉她，机构的"凤凰"供货中心有六名雇员被当地警察和 FBI 逮捕了，他们被指控进行毒品交易，并且盗窃政府财产。卡丽震惊了，一夜无眠。她第二天早上六点就赶到办公室，立即开始审查"凤凰"中心运作的审计和管理审核报告，以及中心经理每月上交给她的报告。所有这些报告根本没有任何迹象表明中心的工作存在任何不正当行为。

卡丽的震惊演变成了愤怒，她下定决心要把这个代价高昂、令人尴尬万分的事件查个水落石出。这件事不仅对机构的名誉，而且对她个人

第八章

的事业抱负都会带来严重的后果。逮捕事件引起了媒体的兴趣，这又吸引了几个为机构的拨款委员会服务的议会成员的注意。部级检察长别无选择，只有开始对"凤凰"中心展开独立调查。

卡丽知道在接下来的较长一段时间里机构将处理这件事的余波，所以她决心出手应对危机。她任命了一个小型的任务小组，负责调查。小组成员包括她最亲近最信任的助手、机构的首席顾问、人力资源部主任和安全部门主任。她给调查小组布置的任务就是回答下面这个最基本的问题：为什么一开始人们对情况毫无察觉？

随着内外调查的展开，出现了令人不安的回答。很明显，机构对自身的成功感到骄傲，加上在员工中间对工作出色取得的荣誉大肆进行宣传，造成了沾沾自喜的气氛。一方面，这有助于对出色完成艰巨任务的员工进行奖励。另一方面，这无意之中发出了一个微妙的信号，即任何与这种形象相矛盾的信息都是不受欢迎的。一线管理者和中层经理们所处的岗位像哨兵一样最容易发现不当行为，他们的工作是根据这样一个没有言明的假设：上报坏消息将引起高层的漠视。所以当面对可疑的情形时，他们可能会眼睛朝别处看，希望他们怀疑的问题永远也不会发展成为真正的问题。

只有好消息才会往上汇报，这使得每个人尤其是相关的负责人和中层经理感到很高兴。当卡丽和其他的机构领导思考着他们得到的各种调查报告时，这种对关键信息的令人窒息的过滤的代价对他们来说很明显，也令他们感到痛苦。高层领导想激励并奖励员工，并对其他机构以及外部利益相关者宣传机构因工作出色而取得的成就，他们的意图是好的，但是他们忽略了一个基本规则：防止可预见的意外。"凤凰"中心的这种可预见的意外是：坏消息比好消息更有价值，如果掩盖不报，会带来很大的风险。

避免可预见的意外

确定可预见的意外

可预见的意外是指使令个人或组织感到吃惊的一个事件或者一系列事件,尽管事先意识到这些事件会发生,或者有足够的必要信息对事件和它们可能产生的后果进行预测。[1]如果你不尽力找出、评估并拆除这些"滴答"作响的定时炸弹,那么你为成功过渡和长期成功奠定基础所作的所有努力都将付之东流——因为一旦炸弹爆炸,你将花费全部的精力去救火,有系统地使自己站住脚和建立发展势头的希望也会破灭。

当然,真正的意外确实会发生。一旦发生了意外情况,你就要面对后果,并且要尽你所能克服意外造成的危机。但是更常见的情况是,那些本不应该让人感到吃惊的意外情况使新领导慌了手脚——如果他们知道了警告的信号并给予了重视,他们就不应该吃惊。这种情况经常发生,因为像卡丽和她的同事这样的新领导没有把眼光投向正确的地方,或者没有提出正确的问题。

我们都有自己喜欢解决的问题,也有希望避免或者觉得没有能力解决的问题。但是作为一个新领导,你应该训练自己,或者深入挖掘你不擅长或者不感兴趣的领域,或者找到有必要的专业知识且值得信赖的人去这样做。

在大部分政府组织复杂的工作环境里,意外情况可能来自外部,比如政治变化、大众舆论趋势、灾难性的全国事件,以及变幻莫测的经济形势;也可能来自内部,比如信息系统崩溃、关键人员的流失、个人的不当行为、主要产品或服务质量出现问题,以及机构的政治阴谋。不论是外部还是内部,关键是要对那些造成最大威胁的领域定期收集尽可能多的信息。否则,你会发现自己正面对一项十分令人不快的任务:应对一个可预见的意外。

第八章

易受攻击的原因

什么原因使得组织容易受到可预见意外的攻击呢？答案有两个：(1)缺乏能力，不能感觉到出现的威胁并及时作出反应；(2)缺乏能力，不能吸取经验并且把从中获得的经验向相关人员和部门传播。在第一种情况下，组织没能看到正在出现的威胁或者不能及时作出有力的反应，卡丽所在的机构情况就是如此。在第二种情况下，组织浪费了吸取经验的机会——可以是好的经验，也可以是坏的教训——所以注定要重复同样的错误。我们把这两种情况分别称为：感觉—反应（sense-and-respond，SR）失误和吸取经验—传播经验（learn-and-disseminate，LD）失误。

组织怎样才能避免成为这些失误的牺牲品呢？它们必须详尽明确地制定流程，提高组织的感觉—反应能力和吸取经验—传播经验能力。如图8-1所示。图的上方是SR环，由以下流程组成：认识正在出现的威胁，确立工作重点，动员员工作出有效的反应。图的下方是LD环，由以下流程组成：吸取经验，把得到的见解深刻地嵌入组织相关的各个方面（人员和流程），避免人们遗忘。SR环和LD环两者都利用并且扩展了组织的能力。

为了避免可预见的意外，SR环和LD环的运行必须高效率（足够快）、有效果（以正确的方式集中注意力和资源）。每个环都有必要；每个环本身都不足以对组织起保护作用。比如，拥有有效的SR环的机构对正在出现的、以前处理过的威胁能作出很好的反应。但是如果没有LD环，它就不能从感觉—反应失误中吸取经验，以后也不会有改进。同样，如果没有对正在出现的威胁进行感觉和反应的能力，从失误中吸取经验的能力也就失去了价值。

图 8-1　SR 和 LD 环

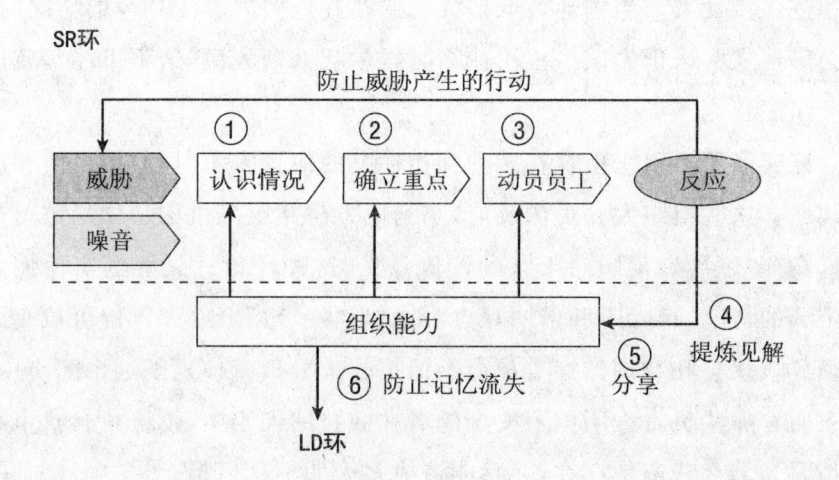

```
SR环
              防止威胁产生的行动
         ①        ②        ③
 威胁 → 认识情况 → 确立重点 → 动员员工 → 反应
 噪音
              组织能力                ④
                                  提炼见解
         ⑥ 防止记忆流失    ⑤ 分享
LD环
```

感觉－反应失误

如图 8-1 所示，SR 环由三个关键次流程构成：认识情况、确立重点、动员员工。这三个次流程中的任何一个出现失误都会使组织受到可预见的意外的攻击。

认识情况方面的失误

有些灾难是不能预料到的。比如，20 世纪 60 年代没有人能预料到 HIV 病毒会越过物种的障碍，以如此大的规模由猴子传染给人类。但是许多未被预见的攻击组织的灾难能够而且应该被认识到，因为它们的发生有可以预见的原因。这些原因包括：

先入之见。认知偏见——人们在观察事件以及进行决策的方式上存在的弱点——可能会使个人和组织对正在出现的威胁视而不见。例

第八章

如,对"可能"的事情和"不可能"的事情的先入之见会使领导者把注意力集中在某种类型的问题上,而在不经意间几乎是睁着眼睛看着更严重的问题进一步发展。当领导者低估或者忽略和他们的看法相悖的情况时,就会出现这些认识失误。不论什么时候你听见别人说"这不可能",就应该警惕了。

证实偏见。组织里存在多种互相冲突的信息来源时,就会产生相应的问题。这些组织大到美国政府,小到地方公共服务机构。如果情况是这样,有些领导者很倾向于某种评价意见,这种评价意见能证实他们希望听到的情况,排除不和谐的观点。比如,"9·11"事件和入侵伊拉克之前,媒体、议会和特别监察委员会的情报收集分析就掉入了这个陷阱中。它表明在那些负责查明国家安全的潜在威胁的人当中,不进行自我审查的情况是多么普遍地存在,并且能造成多大的不良后果。

这种现象在组织的各个级别都十分明显。为了打赢官僚战争并且在主要的决策者那里保持影响力,有些领导,如卡丽她们机构的一线人员和中层管理人员,很快学会了向当权人士汇报他们想听的情况。自满情绪会强化这种失误。尽管证据不断增多,领导者还是会因为问题以前没有发生过而相信现在也不会发生,此时就会出现自满情绪。

接种疫苗。当和威胁有关的信号被更大的背景噪音淹没的时候,结果可能是错误的警报,好比给领导者"接种疫苗",使他们看不清真正严重的问题。信号指的是线索、迹象,以及其他易受到即将发生的问题的严重攻击的证据。噪音是指互相矛盾的信息,这些信息指向其他问题或者对威胁给出更有利的解释。当信号对噪音的比率较低(即相对来说信号少噪音多)时,就连最有觉悟的领导也很难区分真正的威胁和虚假的迹象。

信号—噪音问题由于组织对以前的错误警报的反应而变得更加复杂。分析人员往往会因为谨慎而犯错误——宁愿因为过于谨慎而不愿因为过分乐观而遭到批评。分析人员的这种倾向可能会形成多种错误警报,在领导者中间造成"危机疲劳",他们对从来也没有变成现实的问题的重复警报感到怀疑。但是当那些负责审察环境的人允许自己从过分积极变得不够积极的时候,组织作为一个整体就会陷入危险境地。当真正的威胁最终出现的时候,组织就会遭到攻击。

信息圈子。组织的体制形式也会造成认识失误。大部分组织有自己的信息圈子,包含并且垂直传递有价值的信息。但是往往存在阻止组织其他人员和部门看到信息的障碍。领导者必须在以下两方面实现平衡:建立并且保护这些丰富的专业知识和信息与在整个组织整合并利用信息。

当组织中的不同成员对问题有零散的想法,但是没有人对问题有全面的看法,更严重的是没人知道其他人在想什么时,就会出现最简单的整合问题。简而言之,组织的认识绝不是它成员认识的总和。虽然组织不同部门拥有所有察觉可预见的意外并阻止它的必要的信息,但是组织里没有哪一个人能够把这些信息整合起来。

从理论上讲,高级管理人员应该起到合成器的作用,对信息进行整理并把它运用到大的形势中去。但是实现这一目标有很大的障碍。在行政机构内部,信息向上汇报的时候,人们有巨大的压力要对信息进行过滤。人们受到很大的诱惑去隐瞒或者粉饰敏感的、混乱的,或者令人难堪的信息。最终,高层得到的是不完整的、扭曲的资料,而信息过多也使他们不能跟上最新的上报信息。

虚幻的意见一致。最后,组织可能受到虚幻的意见一致的不利影响。这个问题的根源在于,大部分行政机构既想避免花精力又想避免遭到指责。对行动计划不反对很容易被理解为对它的积极支持,新领导尤其会这样理解。那些心存怀疑的人会保持缄默,因为他们认为决策者掌握了更多信息,或者因为他们不想为错误承担责任。然而,可预见的意

第八章

外一出现,那些先前保持沉默的人就会来到公众面前说"我早告诉过你们的",以此来使自己撇清对失误的责任。

虚幻的意见一致和"团队思维"这一概念十分相符,它描述了组织成员如何压制住自己批判性的怀疑,允许虚假的意见一致的表面现象出现。卡丽和她的同事就是这样在没有意识到的情况下进入了一无所知的危险区域。

虚幻的意见一致换种说法就是被抑制的意见分歧。当组织中的某一部门承担的某一项任务责任太重,并且想保持它的重要性的时候,这种情况就会出现。在这种情况下,组织中的其他部门,甚至那些可以提供有价值的信息或观点的部门,不会被征求意见,最糟糕的情况下,甚至可能会被排除在决策过程之外。结果会导致对事情的关注面太窄,潜在的问题得不到认识或者没有得到重视。对认识失误进行判断的方法是,评价领导者是否为正在出现的威胁安排了足够的资源对环境进行审察。也就是说,确定领导者是否工作合理,指导组织对可以得到的资料进行收集、整合、分析和解释。领导者是否正在对外部运行环境的一些因素——组织的运行非常依赖这些因素,或者很容易受到这些因素的不利影响——进行审察?领导者是否对从多渠道获得的信息进行整合和分析,以得出指导行动的见解?如果领导者工作做得不够,那么就必须强化机构体制使之认识到正在出现的威胁,明确并且强化领导者规避危机的责任。

确立重点方面的失误

已经认识到了威胁,但是没有给予足够的重视阻止它的发生,也能产生可预见的意外。确立重点失误很常见,认知、组织和政治因素都有可能造成这种失误,因为个人可能不恰当地漠视未来,组织可能对潜在的破坏性事件发生的可能性估计不足,特殊利益团体可能想扭曲人们对潜在成本和利益的看法,以保护自己的特权。

互相竞争的工作重点。令领导者们感到苦恼的是,许多问题争相要得到他们的注意。这时候他们应该怎样把正在出现的问题按重要程度排序呢?他们如何才有可能把会发生的意外从许多潜在的不会发生的意外里区分出来呢?当然,他们不可能完全正确地进行这一区分。不确定性总是存在:可能性极高的灾难有时候并不会出现,可能性很低的灾难有时候却出现了。因此,如果组织进行了认真的成本—效益分析,并且对那些会造成最高成本的威胁给予了重视,那么领导者就不应该对确立重点失误负责。如果领导者没能采取这些步骤,那么他们必须全力以赴强化确立重点的工作体制。

信息超量。那些负责审察环境的人也会遭受信息超量的危害,过多的信息使他们不能对所有严重的潜在威胁作出反应。结果,他们的努力太分散以致不能起作用,或者他们被迫忽视不那么重要的领域。不论哪种情况,组织都可能无法及时看到正在出现的威胁。当用于环境审察的资源不足以应对需要加工的信息,或者当环境信息源的范围随着时间的推移扩大了,而相应的审察资源没有增加时,就会出现信息超量。有经验的管理人员把有选择的注意力、噪音和信息超量看成是大部分组织的常态。但是新领导应该学会的重要经验是,如果不能建立一个持续运行的环境审察流程,那么在某个时刻,组织几乎肯定会遇到令人不快的可预见的意外。

保密。对负责国家安全、执法、保健等职能的政府部门来说,保密很有必要。但是由于传统做法,或者由于受到误导而渴望得到一种他们认为是影响力源泉的有价值的资源,人们往往有冲动对不那么敏感的信息也保密。最终结果是,重要的信息不能在组织内部共享,就连高层领导也不了解情况。这个陷阱提供给新领导的重要教训是:在制定战略的时候,应该向那些你认为能够提供有价值的信息的人进行咨询。为了防止

第八章

可以预见的意外,你必须控制一下你的乐观主义倾向,对潜在的障碍进行彻底检查。

利益冲突。 导致工作重点不明的利益冲突是政府部门主要关心的问题。为了解决这些冲突,各部门采取了各种不同层次的控制手段,从年度财务公开的要求到定期审计,再到严格的伦理准则和刑事法令,这些准则和法令规定了你可以为谁工作,离开政府部门后你可以和以前的雇主进行哪种接触。这种透明度并不是完美的——中间存在许多漏洞——但是从总体上来看,在政府领导者履行公共服务职责的时候,这种透明度对腐败行为具有强大的威慑力。

漠视未来。 可预见的意外持续的时间往往大大超过许多机构领导者预期的任职时间,尤其是那些由政党指定的出任者,这些人负责监管现行政府职能部门的运行情况。这可能造成一种"搭便车"现象。这样的领导会提出这样的问题:"为什么要我去处理这个问题,并且受到攻击?而事实上在我负责监管的任期内,任何事都不可能出问题。我还不如集中精力实现我的短期目标,获得成就。"

低可能性事件。 另外一个相关的问题是处理那些可能性不大但是代价高昂的潜在问题。如果恐怖分子可以在一个大城市引爆一个核设施(并不一定是核裂变或者核聚变,一个放射性装置就可以做到),它可能对世界经济带来几千亿甚至几万亿美元的损失。从理论上看,政府应该根据对这类事件的可能性和代价的综合评估,分配资源以避免灾难。然而实际上,在预防这类问题上,政府通常投入不足,因为可以获得的最好的情报和技术分析认为这类事件不可能发生,尽管潜在的影响是灾难性的。相反,政府往往对政治敏感度高但是威胁性较小的危机投入过高,比如猪瘟。

为了避免确立重点的失误,领导者必须努力应用系统专业的流程来确立工作重点。诸如决策分析和风险分析的方法有助于把注意力集中在发生的可能性低但是后果严重的事件上。领导者在审核组织的激励体系的时候,还必须做到有计划、有步骤,以保证利益的冲突不会妨碍对正在出现的威胁采取的行动。最后,领导者必须负责对组织进行评估,并且负责集中解决关键重点问题的对话流程。

动员员工方面的失误

当正在出现的威胁被确定为可能产生严重后果时,领导者必须把大家动员起来阻止威胁的发生。也就是要动员大家的支持,教育外部重要的客户,把关键人物的注意力集中到组织上来,把防止意外作为个人最关心的事情。组织障碍和政治障碍往往会妨碍领导者的努力,使他们不能够促成对正在出现的问题的适应性反应。组织的惰性和复杂往往给及时行动造成巨大障碍;特殊利益团体采取的拖延性或者阻止性行动同样会妨碍领导者应对正在出现的威胁,直到这些威胁演变成全面的危机。

集体行动问题。一种在各类组织出现并且能造成可预见的意外的激励失误被称为"集体行动问题"。比如,一个机构的奖励计划事实上可能给利用同一资源的各职能部门之间带来不健康的竞争,结果使得一个部门会阻止信息向另一个部门传播。另外还有两种情况:组织的成员想"搭便车",希望其他人为正在出现的问题负责;或者他们的行为让人感觉好像应该由其他人负责阻止迫在眉睫的问题的发生。在这两种情况下,没有人觉得必须采取行动。当组织成员认为如果他们的行动是正确的,那么采取有风险的预防性行动只能给他们带来很少的收益,而如果他们的行动是错误的,那么采取有风险的预防性行动会给他们带来严重的惩罚时,形势会变得尤其危险。

特殊利益团体。解决紧迫问题的努力往往会给大多数人带来广泛的但是不太大的收获,却会给特殊利益团体带来巨大而痛苦的代价。这会带来什么结果呢?特殊利益团体有强烈的动机阻止行动,并且也更难

第八章

调动那些肯定会受益的人的积极性。在这些情况下,在特殊利益团体的阻碍力量被克服之前,灾难通常都会发生。

克服反对意见,甚至那些可能导致灾难的反对意见,有时是不可能的。但是领导者确实有可供支配的手段来动员大家的支持,防止可预见的意外。其中最重要的工具是为解决迫在眉睫的灾难而献身的勇气,以及相应的为实现这一目标投入政治资本的意愿。领导者还可以利用建立战略性同盟的方法,分析潜在的支持意见和反对意见,并且建立支持行动的制胜联盟。如果领导者欣然接受动员员工这一任务所提出的挑战,并且为在这一过程中出现的风险付出相应的努力,那么如果意外出现了,他们也不应该负责任。如果他们没有采取防御性行为,他们就必须提高自己调动员工作出有效反应的能力。

吸取经验—传播经验失误

如果组织没有注意吸取经验,把这些经验深刻地嵌入组织里并且防止人们遗忘,那么这些组织就会出现吸取经验—传播经验失误。和感觉—反应失误一样,LD环每个关键的次流程都有可能出现失误,带来可预见的意外。

聚焦方面的失误

组织没能从过去的错误中吸取教训,因为它们缺乏必要的机制在最大程度上分享并整理所学到的重要经验。要克服这种倾向,就要建立小组对危机经历进行分析并且从中得出经验教训。但是,组织往往不会采取这些行动。有时,没有认识到吸取经验的重要性的领导人应该受到指责。然而更常见的情况是,责任在组织,它们陷入了救火的恶性循环中,太过忙于处理当前的危机,而没有时间从过去的危机中吸取教训。这种情况为可预见的意外的出现创造了条件。为了避免这一问题,领导者必须想办法分出必要的时间和其他资源,吸取经验。在成本受约束的环境下,吸取经验上的投入往往第一个被放弃,因此为了能实现有效学习,领导者必须作好准备为这部分"组织冗余"而争取。

嵌入经验方面的失误

即使领导者注意吸取经验,组织仍然可能不能够恰当地传播经验,尤其是向一线传播。结果,从经验中获得的益处就不能嵌入组织的感觉—反应系统,这使得已经面临的问题将来还有可能重现。

为了明白为什么不能传播经验,我们必须区分个人知识和关系性知识,以及隐性知识和显性知识。表8-1是这四类组织知识的概括性介绍。

创造并且保持组织知识有着深远的意义。

表8-1 组织知识的类型

	个人知识 (个人拥有的关于如何工作的知识)	关系性知识 (作为团队如何有效开展工作的知识)
显性知识: 可以通过口头或书面传播	➢规定 ➢法律 ➢程序 ➢某一职业的"科学性"	➢组织的章程 ➢正式的决策流程 ➢协调计划 ➢书面的沟通协议
隐性知识: 可以通过学习或者和有经验的人共同工作进行传播	➢经验之谈 ➢技术 ➢个人作决策和解决问题的方法 ➢某一职业的"艺术"	➢团队作决策和解决问题的方法 ➢经过协商的职责分配 ➢主要的信息和影响力来源 ➢信任和信誉

➢已经遇到过问题的个人获得的隐性知识比显性知识更难被组织

第八章

掌握。想想负责维护复杂的情报系统的员工：他们了解系统所有的风格，但是这种认识很难规范化并进行传播。

➤ 团队获得的关系性知识比个人知识更难掌握。比如，面对危机的时候，有经验的团队知道哪些成员该负责哪些任务，谁将作出怎样的反应，他们不需要参考流程就能作出快速有力的反应，这种知识很难掌握。

➤ 隐性—关系性知识指的是个人拥有的，但是不能简单地向别人传达的知识。它是组织的黏合剂，也是最难保持的一种知识类型。

为了避免经验传播的失败，领导者必须保证传播机制和需要保持的知识相符合。显性经验可以通过因果模式或经验之谈传授给个人；还可以对经验进行规范化，形成正式的指导方针、核对一览表、规章制度以及政策。隐性的和关系性的知识往往必须在人们的思想和心灵中进行传播。

遗忘造成的失误

太多组织没能记住过去的教训。通常，与这种情况同时发生的是人员的离去，包括新领导的前任的离去，他们可能已经带走了许多珍贵的信息。如有可能，你应该向你的前任咨询，这是一次宝贵的经历，让你在初期熟悉情况，也是一个避免可预见的意外的方法。

幸运的是，组织人员储备往往有很大富余。在某个单位，所有有经验的员工同时离开的可能性很小，那些留下来的人可以帮助教育新成员。同时，关键领域能力的减弱是微妙的；如果这种情况没有被注意，情况就更加危险。大部分组织都遭受过代价高昂且不必要的记忆丧失的打击。任何时候有重大的人事变动，都会出现不可逆转的知识损失。同样，任何时候一个关键行动的责任从组织的某一部分变动到另一部分，比如启动一个新项目，重要的情况都会被遗忘。因此，保存知识必须成

避免可预见的意外

为领导者的行动核心。这意味着,他应该清楚组织发生的重大人事和责任变动,并且进行干预。保证全面、准确的信息传播是日常工作最重要的方面。

避免过渡期意外

作为一个新领导,你尤其会遭遇到可预见的意外所带来的风险。部分原因在于你缺乏关键信息和主要关系来帮助你发现正在出现的问题。你新任职的组织可能信息渠道过于狭窄,或者奖励措施存在问题,或者在了解情况方面存在障碍,这些都使你更容易遭受攻击。或者组织存在地位稳固的特殊利益团体,他们努力阻止必要的变革的发生。

虽然组织的这些风险因素毫无疑问会带来问题,但是最大的风险在于你怎样开始你作为新领导的角色。你可能容易受影响,因为你有某种特别的思想倾向,导致你看见某些问题而对其他问题视而不见,这样你就倾向于解决某些问题而避开其他问题。那么你怎样才能避免可预见的意外呢?列举出答案很容易,但是真正做到就很难了。

- 训练自己注意那些不是你的偏好的领域和方法,也就是迫使自己离开你感到舒适的领域。例如,如果你有某种特别的工作背景,你很有可能通过这种思维模式看待问题。对一个手中有锤子的人来说,每件东西看上去都像钉子。
- 建立有互补技能的团队。给你的核心团队配备和你一样的人太容易了。这是一种自然的冲动,因为让自己被和自己有着相同思维方式的人包围着,这很简单、很舒服。你要努力使你的团队在认知和风格方面更加多样化,并且对它们进行整合。此外,要记住向员工下达明确的任务,要他们注意潜藏在各自职能部门的可预见的意外。
- 把早期预警系统直接应用到组织的一线工作中去。把感觉—反应

第八章

和吸取经验—传播经验看成是附加物,这种做法很诱人。比如,有些组织设置了这样的部门,给它们布置了明确的审察外部环境的任务。虽然这些系统有潜在的希望,可以整合信息和认识,但是它们产生作用的条件是,感觉问题和吸取经验这两个流程被应用在组织更微观的层面上,在这一层面上可以首先获得有关正在出现的问题的信息。一线人员必须清楚怎样处理这些信息;关键是,他们必须受到鼓励去分享信息,而不是隐瞒信息。

结论

本章所讨论的组织的 SR 环和 LD 环的失误是造成可预见意外的主要因素。这个信息加工标记链中的任何一个薄弱环节——在卡丽的机构里,SR 环很薄弱——都会使组织和它的领导者很脆弱。各种失误交织在一起,通常会互相强化,并使问题更加复杂化。比如吸取经验失误可能是由于缺乏整合,或者由于组织领导者缺乏在吸取经验方面进行投入的动力。但是,不论是哪种情况,领导者,尤其是新领导,必须清楚地认识到,如果他们不采取有效行动化解潜在的可预见的意外,那么这些意外就在某处等着他们。在你的任期之内可能会有足够多正常的意外发生;你可以根据本章提出的建议防止可预见的意外的发生。

快速检测表

1. 你的组织中是否有些领域存在潜在的意外情况?
2. 组织是否容易受到认识失误的影响? 如果是,你怎样才能提高组织认识潜在威胁的能力?
3. 组织的系统是否能有效地对风险进行评估,并且确定工作重点?

如果不能,你怎样加强组织确立工作重点的能力?

4. 在动员大家行动起来避免潜在的危机方面是否存在障碍?如果有,你怎样调动资源,建立同盟?

5. 组织是否把注意力集中在了解情况,提炼所得的经验,以及把经验嵌入机构的感觉—反应系统上?如果不是,你怎样强化组织了解情况的能力?

6. 组织是否由于记忆丧失而处于风险之中?如果是,你怎样阻止或延缓遗忘的发生?

第九章 自我管理

肖恩·威廉姆斯（Shawn Williams）是一个新成立的组织的主管，这家组织为新近通过的一个提高药品生产安全性的项目进行筹备工作。肖恩上任后仅两个月就发现自己面临着没有预料到的挑战。组织从本质上来说处于开创局面的形势下，但是它不仅在一种政治和法律敏感的环境下运行，而且得到了公众的广泛关注。肖恩在以前的领导职位上表现得非常积极，现在也想尽快取得成果；他充满热情，带着紧迫感全身心地投入到任务中去。

上任后第一个月的月底，他就为组织制定了一系列工作重点，进行了重要的人事任命，并且在两个立法委员会前作证。他还开展了一个项目，和利益团体进行公开会谈，在这一过程中，他努力阐述组织的任务，并且向主要客户保证他的计划会对新药的可得性和成本产生影响。

然而，肖恩不久就陷入了一大堆行政事务的麻烦中，包括内部预算、IT采购、人事问题，以及必要的办公空间的获得。即使压力随着时间越来越大，他也不愿意把其中的一些事务委托给他人去打理；相反，他尽力同时应付所有的事情。很快一些最重要的行动计划被拖延，因为他的下属得排队等候肖恩的批准才能进行下一步行动。

第九章

同时,肖恩在公众面前露面也提高了媒体对他的建议的兴趣。他在公开会谈时面对有些参与者对抗性的问题发表的一些言论,尤其是他对完成项目的筹备工作所需时间的乐观估计,引起了组织的政治对手带有敌意的政治反应。

上任第三个月,肖恩意识到,尽管他的初衷是好的,但是他自己给出了太多承诺,而且同时采取了过多的行动。他没有花足够的时间为组织建立一个能适应所有任务的运行系统。他没有向机构内外值得信任的一部分同事征询意见,这使得他在混乱状态里陷得更深。

所以,他后退一步,重新评估自己的领导方式,而且——现在他与直接下属和上司一起——采取了更系统的以团队为中心的方法执行新的计划,这种方式更重视关键问题,以及紧迫但合理的时间安排。他提出的变化包括每周和直接下属见面,见面时,他们向他简要汇报各自的行政职责和任务,只有在出现了明显需要他介入的问题时他才主动提出参与。而且,他赋予下属可自由支配的财务权力,只有在遇到重大的支出问题时才需要得到他的同意。肖恩更多地依靠他的下属对组织的行政工作进行监管,这样,他就有更多的时间完成自己的主要工作:把公众引入到新的组织中来。

避开常见的陷阱

领导者的生活一直是一种平衡行为,过渡期尤其如此。领导者会遇到巨大的不确定性和模糊性,你常常连自己不知道什么都不清楚。在这种混乱中,你被期待尽快适应情况并在新组织开展积极的变革。出于这些原因,保持平衡是过渡期的主要挑战。

我们对过渡期失败的研究表明,新领导会掉入一些常见的陷阱之中。每个陷阱都会使他们陷入恶性循环,这是一个自我强化的、令人难以逃脱的动态过程。因此,你应该像肖恩一样在遇到风险的时候能够有清楚的认识,并且采取行动进行更正。

1. **注意力分散**。如果你自己都集中不了注意力,就不能指望集中别人的注意力。在过渡期,你有无数的工作可以做,但是关键的只有几项。你也许高估了自己的能力,认为自己可以同时进行所有的工作。每位新领导都不得不同时处理一些事情,但是这样做很可能会造成一种思维的封闭,你会发现自己在一个又一个任务之间疲于奔命,而无法重新调整重点去完成新的任务。如果重要的问题被忽略了,它们可能就会爆发,消耗你更多的时间。结果就是救火的恶性循环。

2. **不设防的界线**。如果你对自己的身份没有确立清楚的界线,而且不愿意这样做,那么你周围的人——上司、同级别的人、下属——将会接受你给予的任何东西。你给予的越多,你得到的尊重就越少,你被要求的就越多。如果你不能为自己确立界线,那么你也不要指望别人会为你那样做。

3. **脆弱性**。过渡期固有的不确定性会造成僵化和自卫心理,特别是对那些非常需要控制权的新领导来说更是如此。这可能造成怎样的结果呢?那就是对失败的行动过程过分投入。你可能会下达一个不成熟的命令,然后会感到无法在不失去信誉的情况下收回这个命令。等待的时间越长,你承认自己的错误就越难,后果也就更严重。或者你认定你实现某个目标的方法是唯一可行的。结果,你的不灵活使得那些对实现同一目标有着同样有效方法的人不能发挥自己的作用。

4. **孤立**。要想在公共部门取得工作成效,你应该和行动的执

第九章

行者保持联系，并且了解秘密传播的信息，这些人和信息都经常发生快速的变化。新领导被孤立是很容易发生的事情，因为他们或者依赖为数不多的几个人，或者依赖官方的信息，以获得反馈和见解。孤立也可能在下列情况下发生，你无意之中阻止了关键的反馈，或者你被认为受到了互相竞争的利益的吸引。不论原因是什么，孤立会导致盲目决策，会使你的信誉受损，这又会使你更加孤立。公共部门的孤立还可能使新领导处于这样的风险中，即高层已经不再支持他执行的任务。因此，对公共部门的领导者来说，上级领导职位发生了变化，他们就应该重新确立自己的任务，这很重要。

5. **带偏见的判断**。带偏见的判断形式多样。其中的一种是由于自我和信誉问题而对失败的行动过程的过分投入。其他的形式包括证实偏见，即把注意力集中在那些能证实你自己想法的信息上；为自己的利益服务的错觉，即让某种情形下的个人利益影响了你的判断；过度乐观自信，即对和你喜欢的行动过程相关的困难估计不足。你会不断受到这些偏见的影响；而当个人利益加大，不确定性和模糊性增加，个人情绪激昂的时候，你受影响的风险尤其大。

6. **避免工作**。你上任之初可能不得不作出困难的决策，也许是个人或预算方面的，也许是怎样解决有争议的问题方面的。有意无意地，你会选择推迟作出这样的决定，而去处理其他你不会感觉不安的事情——这样就掉入了"避免工作"的陷阱。当然，这种陷阱只能使困难的问题变得更困难。

7. **超负荷**。这些陷阱中的每一个都会造成危险的压力。但是并不是所有的压力都是坏事；压力和工作绩效之间的关系可以通过耶克斯—道德森曲线（Yerkes-Dodson curve）[1]很好地描述出来。不论压力是由自己强加给自己的，还是由于外界的原因产生的，你都需要一定的压力才能产生成效——压力可以带来正面的激励，也可以带来不行动的后果。如图9-1所示，压力加大，你的工作绩效也随之提高，至少一开始是这样。然后，你达到了一个点，这个点依人而定，此时进一步的要求——可能有太多工作需要处理，也可能精神负担太重——开始削弱你的工作。这种变化只能增加你的压力，降低你的绩效水平，并且在你经历超负荷的压力时形成一个恶性循环。和肖恩·威廉姆斯一样，你会发现自己工作得更辛苦了，成绩却更小了。

图9-1 耶克斯—道德森"压力—绩效"曲线图

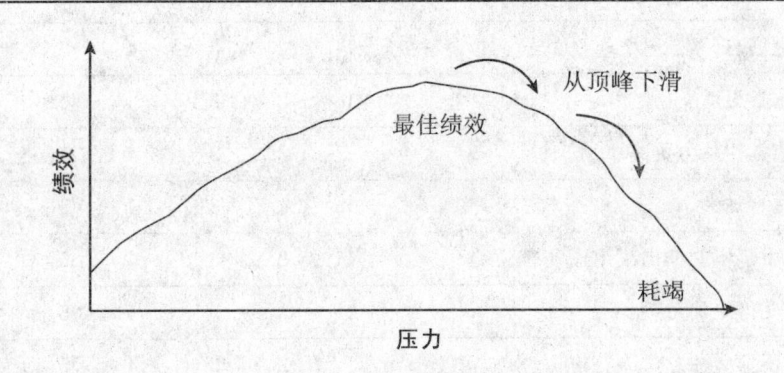

判断你对压力的反应

继续往下阅读之前，花几分钟完成下列压力评价表（见表9-1）。

第九章

对每一句话,选出最能代表你对压力反应的数字。想想你过去所经历过的极端的个人或者职业压力。在这种情况下,你的典型反应是什么?如果有值得你信任并且了解你的人,复制一份表格,让他对你进行评估。

表9-1 压力评价表

在你完成本表格之前,不要翻到下一页。 当我处于压力之下的时候,我……					
1=强烈反对　　　　　　　4=同意 2=反对　　　　　　　　　5=十分同意 3=不同意也不反对					
1. 入睡更困难。	1	2	3	4	5
2. 思维更加敏锐。	1	2	3	4	5
3. 变得更加专断。	1	2	3	4	5
4. 疼痛感加剧。	1	2	3	4	5
5. 更注意个人关系。	1	2	3	4	5
6. 更健忘。	1	2	3	4	5
7. 感觉更孤立。	1	2	3	4	5
8. 感觉注意力更集中。	1	2	3	4	5
9. 食量加大。	1	2	3	4	5
10. 由于不能作出决定而痛苦。	1	2	3	4	5
11. 变得更加苛刻。	1	2	3	4	5
12. 不那么注意个人打扮。	1	2	3	4	5
13. 感觉精力更加充沛。	1	2	3	4	5
14. 行为更加冲动。	1	2	3	4	5
15. 更容易感到沮丧。	1	2	3	4	5
16. 更经常运动。	1	2	3	4	5

(续表)

17. 对他人更耐心。	1	2	3	4	5
18. 注意力更难集中。	1	2	3	4	5
19. 会向朋友求助。	1	2	3	4	5
20. 感觉更焦虑。	1	2	3	4	5
21. 更容易感觉疲劳。	1	2	3	4	5
22. 喝水比平时多。	1	2	3	4	5

对你的反应进行评价

评价是为了就与压力相关的三个指数给你打分：

➢ **身体方面**。压力对你身体的影响。

➢ **认知方面**。压力对你思考能力的影响。

➢ **情绪方面**。压力对你情绪状态的影响。

根据表9-2的说明计算出你所得的三个分数。

表9-2　计算你的压力水平

	如何计算	你的得分
身体的	把问题1、4、12和21的得分相加，减去问题13的得分，然后加6，再除以5。	
认知的	把问题6、11、14和18的得分相加，减去问题2和8的得分，然后加12，再除以6。	
情绪的	把问题3、7、10、15和20的得分相加，减去问题17的得分，然后加6，再除以6。	
总的影响	把得出的有关身体的、认知的和情绪的分数相加，再除以3。	

现在看看这些分数，分数越低越好。在这三个方面中，你哪一方面最容易受到压力的影响？在压力的整体影响这一项上，你的得分是2.5，甚至超

第九章

过2.5吗?如果是,你可能处于与压力相关的工作绩效水平下降的风险之中。

对你的应对行为进行评价

这一评价也给你的应对行为——你如何释放或者应付压力——打了分。根据表9-3的说明,计算出你应对行为的得分。

仍然是分数越低越好。

最后,花点时间想想,你怎样才能更好地判断压力是否过大,以及怎样做才能减轻压力。

表9-3 给你应对压力的行为打分

	如何计算	你的得分
应对行为	把问题9和22的得分相加,减去问题5、16和19的得分,然后加18,再除以5。	

自我效能的四大支柱

你如何避开这些陷阱?你怎样才能形成良性循环,而不是恶性循环,以建立自己的发展势头,而不是耗尽自己的力气?我们把你应该努力达到的整个平衡称为自我效能,这种状态是以下列四个支柱为基础的。

1. 采取前面八章介绍过的过渡期的成功策略。
2. 清楚自己的风格以及风格是否和形势相符合,利用互补团队的方法应对不相符的情况。
3. 执行一些可以提高你的效能的个人行为准则。
4. 在工作以及其他方面建立并且使用支持系统,帮助你维持平衡。

支柱1：过渡期的成功策略

前面八章介绍的策略为新领导提供了一个模板：怎样了解情况，确立工作重点，制订计划，指挥行动以建立发展势头。当你看见这些策略发挥了作用并且获得了一些初期成效的时候，你将会感到更加自信，你的成绩会使你充满热情。当你在过渡期继续发展的时候，要根据表9-4总结的主要挑战思考你正在面临的挑战，确定你想回头阅读的章节。

表9-4 过渡期策略

主要挑战	诊断性问题
明确期望	你是否了解对你的期望？你是否和上司进行过交谈，讨论形势、期望、风格、资源和个人发展问题？
将策略与形势相匹配	你是否对面临的过渡期类型作出了判断？是否了解该类型对你的行动的影响？
加快了解情况的步伐	你是否清楚你需要了解哪些情况，向谁了解，以及如何加速了解情况的过程？
取得初期成效	你是否重视可以促进长期目标以及建立发展势头的关键的工作重点？
建立团队	你是否对团队进行了评估、重组和调整，从而为你实现目标创造方便条件？
创建同盟	你是否正在建立支持你的行动计划的内部和外部基础，使你的工作更加顺利？
实现力量的协同	你是否找出了战略、体制、系统和技能等方面存在的令人失望的不相协调的地方，并对此进行了修正？
避免可预见的意外	你是否正采取行动找出并且避免可预见的意外，或者对它们作出快速反应？

第九章

支柱2：互补团队

领导者为什么不能成功度过过渡期？因为许多人对形势作出了错误的判断。但是新领导在了解形势的情况下仍然可能失败，因为他们所采取的方式与他们所面临的形势和所在的组织不相符合。肖恩·威廉姆斯在员工高度参与、积极协商的环境里采用了开创局面形势下的"孤独的守林人"的方法，这从一开始就损害了他的信誉。假设他领导的是一个需要快速行动的执法机构，那么让员工高度参与的领导风格同样也是有很大危害的。因此，你必须清楚自己的风格：它是否与整个形势和组织相符合，它是否会导致出现一些不好的结果。只有这样，你才能采取行动应对这些问题。

风格指的是你理解世界并且和其他领导者互动的独特的方式。领导风格的重要方面包括你喜欢怎样

- 在新形势下进行学习
- 和别人进行交流
- 影响别人以及被别人影响
- 进行重要决策

风格并不反映你的能力；相反，它反映你的个人偏好。你的个人偏好一部分是天生的，一部分是由于你的个人和职业经历造成的。不同的风格在某些时候，在某些特定的场合可能有效。你可能有你偏爱的、感觉最舒适的风格。了解自己偏爱的领导风格，你就会知道何时该最有效地利用它，以及何时最好使用不同的方法。

领导风格大致体现在四个领域：学习、交流、影响力，以及决策。每个领域都有一系列相关行为，每一种行为你都可能趋向一个极端。阅读下面的"判断你的领导风格"，了解你的偏好。

判断你的领导风格

学习风格——你喜欢如何学习和搜集信息?

> 你喜欢通过搜集硬数据(事实、数据),然后分析结果进行学习,还是喜欢通过搜集软数据(专家的判断、观点)进行学习?搜集硬数据这种方法的优势是数字比直觉或叙述能提供更明确的信息。劣势是问题往往有政治或者文化的根源,这和硬数据无关。

交流风格——你如何与直接下属进行交流?你喜欢他们如何与你进行交流?

> 你是否采取敞开大门的政策,任何人在任何时候有问题或者意见都可以进来?如果是这样,优点是员工们将会觉得他们的想法可以得到倾听,这样你可以得到更坦诚的信息。缺点是一天之中有太多人打扰你,你可能没有时间完成其他工作。

> 你愿意通过书面和电子邮件的形式得到信息,还是愿意通过谈话(包括口头录音)得到信息?书面和电子邮件形式的优点是你可以选择阅读信息的时间,并且对每次交流进行记录。缺点是下属可能觉得和你有距离。

> 你愿意进行单独谈话还是进行小组会谈以搜集信息和意见?单独谈话可以使你了解内情,但是很耗时间。小组会谈效率更高,但是得到的具体信息会更少。

影响风格——你如何影响或激励你的直接下属?

> 你喜欢推的方法(通过确立目标、衡量绩效和提出激励措施来影响其他人),还是宁愿拉着别人走(通过设定愿景和激励团队合作来影响其他人)?推的方法依据的是这样的观点:具体的激励(奖励和惩罚)措施是鼓励员工的手段。这种方法设定了明确的预期目标和具

第九章

体的奖励措施,如果执行得好,能起到很大的作用。这种方法的风险是员工们只会完成必要的工作以得到奖励——他们不会去做更多的工作。同时,制定一个有吸引力的愿景需要付出很大的努力,而且并不是每个人都会对拉的方法作出反应。

决策风格——你喜欢如何作出重要决策?

> 你是和直接下属进行商讨,然后亲自下达命令,还是努力在团队里争取大家的一致意见以便在执行过程中得到他们的支持?只要员工们感到你的决策考虑了他们的声音,商讨—决策的方法就是有效的。但是如果他们觉得好像自己没有发出声音,那么在决策的执行阶段他们就不会给予你支持。如果获得那些受你的决策影响最大的人的支持非常重要,那么达成一致意见的方法就很有作用,但是这种方法有时要花太多的时间,因此不太可行。

在 ST$_A$RS 模型的不同形势下,不同的领导风格有各自的优缺点。比如在扭转局面的形势下,硬数据和经验型学习风格是很好的搭配。你应该对基本情况作出快速判断,但是也可以犯一些小错误。而同样的学习风格在维护成功的形势下就不太适合,因为在这种形势下你要了解的情况很多都和政治文化有关,经验型的方法使你看上去缺乏训练,甚至很危险。

同样,商讨—决策的决策风格在开创局面的形势下是一种好方式。在这种形势下,关键任务是找准方向并奠定基础。但是,在重新调整的形势下采取同样的风格可能是灾难性的,因为这种形势下的关键任务是消除人们否定变革的情绪,使他们认识到变革的必要性。如果你就关键问题下达命令,那么你很容易刺激机构的免疫系统,引起不必要的顽强抵抗,从而产生意想不到的后果。

为了避免这些潜在的问题,你需要知道该在什么时候如何调整风格去适应某种特别的形势。第一步就是要清楚自己的风格和它相应的优势和劣势。然后,把这种意识同你对形势的判断结合起来——利用STARS模型——找出潜在的弱点。

如果你的风格和形势不相符怎么办?基本上有两种弥补的方法。第一,采取和你的个人偏好不同的行动——努力抵制你偏好的做事方式。如果你喜欢通过达成一致意见进行决策,但是你正面对扭转局面的形势,那么你就应该使自己转而采用商讨—决策的方法。第二,你可以组建一个团队,使成员的风格更适合面临的形势。比如,如果你处于维护成功的形势下,你的学习风格是硬数据和经验型,那么你的团队成员的学习风格最好是软数据和概念型的。

支柱3:个人行为准则

知道你自己应该正在干什么和你正在干什么是两码事。最后的成功或失败来自于你日常选择的积累,这些选择或者激励你朝着富有成效的方向前进,或者把你领向错误的方向。这是个人效能的第三个支柱——个人行为准则。

个人行为准则指的是一些你强加在自己身上的常规的惯例。你选择制定的具体准则取决于你的长处和弱点。虽然你可能很了解自己,但是你还应该与了解你的人和你信任的人进行商讨。全方位反馈有助于你了解其他人认为你的长处是什么——重要的是,你的潜在的弱点是什么。

下面的一些行为准则可以激励你对需要制定的惯例进行思考。

为计划作计划。你每天每周都花时间进行"计划—工作—评估"这样的循环吗?如果不是,或者如果你不定期这样做,那么你在制订计划方面就应该有更多的规范。一天结束的时候,花上十分钟,评估你自己前一天制订的目标的完成情况,然后制订第二天的目标。要养成这样做

第九章

的习惯。即使你落后了,你也有更多的东西在自己的掌握之中。

明智地推迟作出承诺。你常常一时冲动作出承诺然后又后悔吗?如果是这样,那么你应该学习推迟作出承诺。当被催促作出你自己不能肯定的承诺时,你可以这样说:"让我想一想,然后再反馈给你。"如果被催促立即给出答复,你可以这样说:"如果我现在不得不作出决定,那么我必须说'不'。但是如果你能等一等,我可以多思考一下。"与你一开始说"好"然后改变主意相比,一开始的时候说"不"更容易,对你信誉的损害也小。问一问自己,"将来"的你是否会对"现在"的你说"好"感到不满意。如果回答是肯定的,那么就要拒绝作出承诺。

安排时间干真正的工作。你每天都花时间在必须完成的最重要的工作上吗?陷入一系列事务——电话、会议、电子邮件——的处理中,永远也找不到时间集中到中期任务上,更不用说长期任务,这种情况是很容易发生的。如果你干真正的工作有困难,你要训练自己,每天抽出一点时间,即使只有30分钟,关上门,拔掉电话,不去查看电子邮件,这样你就能集中,集中,再集中。

走上阳台。面对困难的局面,你是否发现自己的情绪卷入其中而不能自拔?如果是,那么训练自己后退一步,在重新投入之前再看一眼全局。领导和谈判方面的著名专家很久以来就称赞了"走上阳台"这种做法的价值。[2]当风险很高、情绪很激昂,而且你自己的情绪也卷入其中的时候,这样做很难,但是经过练习,这是一种你可以养成的有价值的技能。

重视过程。你的好想法是否总是遭遇到其他人的反对?你的决策方法是否会带来不必要的意见分歧和反对意见?如果是这样,就要训练你自己在继续前进之前,重视过程。其他人可能对你的想法作出怎样的反应?你如何管理商讨和决策过程使你的工作更有效?记住:如果人们认为过程是公正的,那么对不完全满意的事情他们往往也会接纳。[3]

进行自我反思。在过渡期,你是否清楚自己对事情所作出的反应?

如果不清楚，训练自己对过渡期进行系统的反思。对有些人来说，这意味着每天结束的时候大致记下一些想法、印象和问题。对另一些人来说，这意味着每周抽出一些时间对一周的事情进行回顾。找出适合你的风格的方法，训练自己定期使用。把得到的见解运用到行动中去。考虑利用"系统反思指南"进行自我反思。

认识到何时放弃。 过渡期是一场马拉松，不是一次短跑。如果你经常发现自己负荷过重，你应该训练自己，知道何时放弃。这说起来容易，做起来就难了，尤其是当你面临最后期限，一小时都会带来很大不同的时候。短期可能是这样，但是长期的代价是巨大的。你应该努力明白什么时候你得到的回报正在减少，然后喘口气——使自己振作起来。

系统反思指南

如果你能定期进行反思并且注意你的反应如何随着时间发生了改变，那么系统反思的力量就会得以加强。考虑每周抽出 15 分钟的时间，回答一系列同样的问题。把你的回答保存下来，这样你就可以定期回顾前几周的回答。你将发现，不论是你面临的问题的性质，还是你对它们的反应，它们的模式都发生了变化。

到目前为止，你的感觉如何：

➤ 激动？如果不，为什么？对此你可以做些什么？
➤ 自信？如果不，为什么？对此你可以做些什么？
➤ 能把握住成功？对此你可以做些什么？

到目前为止，什么使你最烦恼？

➤ 你没能和谁保持联系？为什么？
➤ 在你参加的所有会议中，哪一次会议让你最烦恼？为什么？
➤ 在你的所见所闻里，什么使你感到最不安？什么事情进展顺利，什

第九章

么不顺利？

➢ 如果可以的话，你会以不同的方式处理哪些关系？

➢ 你的哪些决策结果特别好？哪些不是太好？为什么？

➢ 你后悔失去了哪些机会？主要是因为你还是其他你不可控制的因素阻止了更好的结果的产生？

现在把注意力集中到你正面临的最大的挑战或困难上。要诚实面对自己。你的困难是由形势造成的，还是说困难的根源在你自己？就连有经验和有技能的人也会把问题归罪于形势，而不从自身行动上找原因。这样做造成的最终结果是他们失去了本应有的主动性。

支柱4：个人支持系统

自我效能的第四个支柱是个人支持系统，也就是要对你所处的环境进行控制，如果你正调动工作，你要稳定家庭这个大后方，并且建立起坚实的建议—咨询网络。

控制你所处的环境。 如果支持你的物质基础不到位，你很难集中精力开展工作。即使你有更紧迫的烦恼，你也必须尽快设立新的办公室，制订日常规划；如果可行，还要向你的新助手阐明你的期望，等等。如有必要，集中一系列临时资源，比如档案、参考书、信息技术和员工支持，它们可以在永久性系统运行起来之前帮助你渡过难关。

稳定家庭这个大后方。 竞争的一条基本规律是要避免多方作战。对有家庭的新领导来说，这意味着要稳定家庭，这样你才能把更多的注意力投入到工作中去。如果你家后院着火，你就不能指望在工作中创造价值。

如果你的新职位要求你调动到另一个地方，那么你的家庭也会处于过渡期。你的配偶也要调动工作，你的孩子得转学并且离开朋友。换言之，你的家庭生活被打乱，而此时你最需要支持和稳定。你过渡期的压力会加剧你的家庭在过渡期的压力。而且，家庭成员的困难会增加你已有的情绪负担，削弱你创造价值的能力，延长你的过渡期时间。所以，当你在过渡期需要搬迁时，你要注意加快你的家庭的转变。干扰不可避免，但是和家人一起谈论并共同应对失落感会有帮助。

即使你的新职位不要求举家搬迁，新职位必然带来的压力和时间要求也会扰乱你的家庭日常规律。清晨或晚饭时间当父母不再和往常一样在家的时候，当他们得频繁出差的时候，当他们不能出席比赛和演奏会的时候，孩子们很自然会对这种变化感到不满。同样，当配偶中的一方不再能平等分担家务的时候，婚姻压力就出现了。过渡期不论是六个月还是一年，要度过这段困难时期，关键是要就过渡期对熟悉的家庭规律带来的各种变化和家人保持沟通，并且找出办法共同分担负担，最终家庭和个人都能以良好的状态度过这一时期。参阅"加速家庭转变"，获得更多有关如何加速家庭朝新地点过渡的方法。

加速家庭转变

> 分析家庭现有的支持系统。搬迁割断了你和所有为你提供重要服务的人的联系，这些人包括医生、律师、牙医、保姆、家庭教师、教练，等等。要尽早认识到这一点，列一张单子，确立重点，尽快找出新的替代的人。

> 让你的配偶也回到正轨上来。你的配偶可能辞去了工作，希望搬家后找到一份新工作。如果找工作的过程很漫长，他（她）会感到痛苦。为了加快速度帮助他（她）找到工作，你可以坦率地和你的公司沟通并寻求支持，或者搬迁后不久就寻求这样的支持。

第九章

➢认真考虑搬家的时间。学期中间搬家对孩子们来说要困难得多。如有可能,考虑等到学期结束后再搬家。当然,对你来说,代价是和亲人分开以及在两地间往返带来的不便。

建立意见—咨询网络。没有哪一位领导可以完成所有的工作,不论他多么有能力、精力多么充沛。问问肖恩·威廉姆斯就知道了。你需要由组织内外人员组成的一个值得信任的顾问网络,你可以和他们谈论你正在经历的事情,更重要的是他们对你的工作能给出真实的反馈。这个网络是不可或缺的资源,它能使你避免变得孤立而失去洞察力。第一步,你必须培养表9-5中所描述的三类顾问:技术顾问、文化顾问和政治顾问。

表9-5 顾问类型

支持者类型	他们的任务	如何帮助你
技术顾问	➢提供技术和战略的专业分析。	➢对新技术的应用提出建议。 ➢对战略的执行提出建议。 ➢及时提供准确的信息。
文化顾问	➢帮助你理解新文化(如果这是你的目标)并适应它。	➢对文化模式、思维模式和指导性假设提出意见。 ➢帮助你学会新组织的语言。
内部政治顾问	➢帮助你处理新组织内部的政治关系。	➢帮助你执行技术顾问提出的建议。 ➢对你该选择怎样的方式完成工作提出建议。 ➢向你提出"如果情况是这样,那么你怎么做?"这样的问题。

你还需要认真思考你希望培养的组织内外人员组成的顾问网络。内部人员了解组织以及它的政治和文化。找出那些联系广泛、值得你信任的人,帮助你了解实情。这对任何新领导来说都是无价的资源,尤其

是对新到一个组织的领导来说更是如此。

同时,你不要指望内部人能够向你提供对事情的不带感情色彩的或者不带偏见的看法。所以,你应该扩大你的内部网络,吸收外部顾问,他们将帮助你解决你面临的问题,帮助你进行决策。他们应该具备倾听和提问的技巧,对什么是好的组织运行方式有独到的见解,并且把你的最佳利益放在心中。

利用表9-6,对你的意见—咨询网络进行评估,根据他们给予你帮助的领域和他们是内部人员还是外部人员,对他们进行分析。

表9-6 评价你的网络

	技术顾问	文化顾问	内部政治顾问
内部建议者和顾问 (新组织内部的)			
外部建议者和顾问 (新组织外部的)			

现在走到阳台上去,想一想。你现有的网络是否支持新形势的需要?不要假设以前对你有帮助的人在新形势下肯定也会对你有帮助,因为你将面临的是新问题。比如,新职位的责任更重了,更需要政治顾问。(你还应该向前看。因为建立有力的网络是需要花时间的,所以应该尽早重视你下一个工作需要哪种网络。你对建议的需要将会发生哪些改变?)

为了形成有力的支持网络,你要保证你能得到合适的帮助,当你需要的时候你可以随时利用支持网络。你的支持网络具备以下因素吗?

➤技术顾问、文化顾问和政治顾问的适当组合。

➤内外部顾问的适当组合。你希望从内部人员那里得到诚实的反馈,

第九章

从外部观察者那里得到冷静的观点。
➢ 对你个人而不是对组织或者业务单元很忠诚的外部支持者。通常情况下,你的老同事和老朋友就属于这类人。
➢ 值得信任的内部顾问。他的个人工作不会和你的发生冲突,他们可以提供坦率而中肯的建议。
➢ 愿意与你分享观点的你的关键支持者。你不希望把自己限制在一两种观点之内。

最后,在你建立自己的支持网络时,要记住以下原则:
➢ **你信任的朋友并不总是最好的顾问**。不要假定你信任的朋友将成为能胜任的政治顾问或者技术顾问。他们可能很忠心,但是他们并不一定具备必要的特别技能在工作上帮助你。
➢ **特殊的能力通常不能互换**。不要假定技术顾问是同样有能力的政治顾问。每一类型的支持者具备特殊的能力,这些能力通常是不能互换的。
➢ **过去的顾问也许在将来不能帮助你**。不要假定过去帮助过你的人在新形势下将会继续对你有帮助作用。你会遇到不同的问题,以前的顾问在你的新职位上也许不能给你提供帮助。

结论

你必须努力在整个过渡期保持平衡的状态。幸运的是,肖恩·威廉姆斯是在过渡期早期遇到麻烦的。你的最终成功或者失败取决于你在整个过程中作出的许多小选择。这些选择可能会为组织、为你自己建立发展势头,也可能会导致上千人的裁员,造成惨败。你在过渡期每天的行动为以后所有的行动确定了模式——不仅为组织,还为你的个人效能和你的幸福。

快速检测表

1. 你的风格是什么？它和形势相符吗？你如何弥补潜在的与风格有关的弱点？
2. 你最需要建立或者改进哪些个人行为准则？你如何才能更好地控制你所处的环境？
3. 你需要建立怎样的个人支持系统？
4. 在加强建议—咨询网络方面，你的工作重点是什么？
5. 你在哪个领域最需要得到支持：技术领域、政治领域还是个人领域？

结语　使每个人都快速度过过渡期

前面九章介绍的策略应该能够激励你加快过渡期的工作速度,采取正确的工作方式。但是还存在一个重要问题:过渡期是员工职业生涯中的一个关键时期,而组织非常依赖这些员工,那么为什么在公共部门却很少有组织真正关注这一时期呢?虽然也有公共部门是例外,但是各个层次的新领导在很大程度上往往都依靠自己的资源去了解情况以及他们成功所需的重要的东西。

造成这种情况的原因之一是,在各级政府的许多公共组织中,高级领导职务的性质发生了变化。等级观念正在淡化,外包行为不断增多,高级管理者们把更多的时间都花在了管理各类承包商而不是他们机构的员工上。因此,他们没有更多的时间或者动力去培养和咨询直接下属和其他员工。结果,那些重要的领导职能越来越多转到了人力资源专家手里,这些专家虽然能够传授"硬"技术方面的技能,但他们却不能传授珍贵的由经验得来的智慧——这种智慧可以从那些愿意对下属进行指导的高级管理者那里传递到经验不那么丰富的管理者们手里。尤其缺乏的是一些软技能的传递,比如如何制定决策和建立团队,而在新职位上要想进行有效的领导就必须具备这些软技能。

结语

　　另一个原因是"通过达尔文的进化论来发展领导才能"的文化。许多组织错误地利用这种文化来检验新管理者的能力。组织没有向新领导提供过渡期所需的各种支持,相反,他们让这些关键人物自我沉浮。在没有准备的情况下把很有前途的管理者送到充满挑战的岗位上,这是一种错误的,通常也是不负责任的发展领导能力的做法。记住,过渡期的类型有很多种,从一种过渡期中学到的经验并不一定能运用到另一个组织级别或形势中去。这种方式所造成的后果是,有些很有潜力的人一开始就会掉进过渡期的陷阱里,沉下去;另外一些人能继续游泳,但是他们只是出于偶然最后才能得到适合他们的位置,或者他们有合适的救生员在关注着他们。

　　我们为这本书进行调研的时候遇到了一些领导者,在职业生涯早期他们在那些愿意对下属进行指导的领导手下工作,因此在个人和事业方面都获益不浅。他们对自己经历的回顾惊人地相似:每个人都认为,他们从上司提供的机会那里获得了珍贵的知识和自信,他们的上司懂得分享智慧和见解的价值;这些人对得到的支持无限感激。与此相反,我们也遇到了这样的领导者,他们和最初的上司打交道的经历不那么富有建设性,他们的回忆也类似:当时他们不明白对他们的期望是什么,他们不能参与对他们的任务产生影响的较高层决策,对决策情况也不了解,作为团队成员他们往往也得不到重视。

　　指导的价值十分明显。如果它是高级行政人员的通常的做法,那么新领导者更容易表现得优秀,并且也能更快达到工作的平衡点。如果组织缺乏这种做法,那么员工的工作动力往往会减弱,组织的业绩也会随之下降。最好的组织是精英管理型的,人们之间互相竞争,共同进步,因为他们有才华、有愿望、有能力来证明自己能胜任领导职务。但是真正的精英管理型组织必须从公正的竞技场开始,那些人升到领导职位是因为他们有能力,而不是因为他们适合某些事先设定的特点,或者他们碰巧被放在了正好符合他们的技能的位置上。成功的精英管理型组织需要高级行政人员直接参与新领导的成长和加速发展。

创造一种共同的语言

如果你能把本书介绍的"过渡期管理模式"制度化,你就能加速每个人的发展。如果你和组织所有其他领导都能使用这些制胜的策略,那么你就可以防止可预见的意外和其他各类失误,组织整体的业绩也会取得极大的提高。每个人越快适应新环境,组织就可以越快开始采取适当的行动取得进步。

你该如何把"过渡期管理框架"引入组织呢?出发点是在组织内引入一种新的语言来谈论新领导的发展。为了加速过渡期,组织所能采取的最重要的一步就是创造一种共同的语言。想象一下,每一次一个人担任新的领导职务,他都能和上司、同事、员工谈论下列"过渡期管理框架"的要素。

- 他们和上司就以下五个方面的谈话取得的进展:形势、预期、风格、资源和个人发展。
- 使用STARS模型术语描述的过渡期类型,以及它对判断相关的挑战和机会的意义。
- 了解技术、文化和政治方面的情况的工作,了解情况计划的主要要素。
- 最重要的工作重点、行为变革的目标,以及帮助他们获得初期成效的意见。
- 对建议—咨询网络起强化作用的工作重点。

使用共同的语言会使对这些问题的讨论变得更容易,也会极大提高谈话的效率。也许更重要的是,谈论这些话题意味着谈话会发生,如果不谈论,谈话就不会发生。在我们讨论建立同盟的时候,曾用一个影响力图说明了内部沟通的复杂性。如果图中的每个人都使用相同的术语,

结语

那么沟通的效率就会提高很多。使用相同的术语也会使人们更乐意提供信息,更可能分享个人经历,更能容忍其他人在过渡期遇到的问题。这能帮助组织摆脱"任你沉浮"的思想。

但是任何有过把新想法引进一个固定组织的人都会告诉你,这是一场艰巨的战斗。在政府部门的高层,这场战斗更为艰巨,因为那些由政党指定的对组织运行进行监管的人任期很短,而高级行政人员要向他们报告,这妨碍了执行这一框架所需的那种对话的最终创建。因此,要从你周围为你工作的新老员工开始。下一次你聘用领导者的时候,试试看你能多快使他们达到平衡点。从向他们介绍五个谈话计划开始,然后让他们判断他们的新角色面临的STARS形势,并且和你讨论。把这融入到预期谈话中去,然后和他们共同制订了解情况的安排和计划。帮助他们找出可以寻求帮助的人以及对他们非常重要的人。督促他们确认工作重点,为获得初期成效制订计划。一旦达到了平衡点,鼓励他们把同样的方法运用到员工身上。这种策略通过赢得员工的共同努力来确立新的工作目标,给桑德拉·马丁和埃米·多诺万带来了成功,本来也可以帮助杜安·罗宾逊和乔·拉布,尽管他们各自所处的状态不同。

同时,选择一个已经在组织中工作了一段时间的你认为思维开阔的下属,试着帮助他加快员工的过渡期。让他充当老师的角色,这往往是最好的了解新情况的方法。看看沉着这个框架你能向下逐步完成到哪一个层次。

和团队共同努力

如果你正在建立新团队,那么请考虑使用STARS框架加速团队建设过程。这个框架的优点是,它向团队提供了一种共同的语言谈论共同面临的挑战。如果你们团队的成员既有经验丰富的老员工又有刚刚担任新职务的新员工,那么这种方法尤其有效。而且,这样的策略保证了对过去的尊重,同时防止新领导掉入"孤独的守林人"的陷阱——这个陷阱使凯文·科迪和肖恩·威廉姆斯在一开始就遇到了很大的麻烦。通过引入新的框架和语言,你可以向新老员工提供一个公平的竞技场。

首先向你的员工提供一个加速过渡期的框架的概览,然后让团队利用 $STARS$ 模型集中对形势进行分析。(回忆一下桑德拉·马丁和埃米·多诺万采用的方法:当他们面对多种 $STARS$ 形势交织在一起的情况时——这对许多新领导来说是常见的问题——他们每个人都花了时间,让自己然后让组织员工熟悉任务的真正性质。)推动员工认清主要的挑战和机会。然后解决各种力量——战略、体制、系统、技能和文化——的协同问题。接下来和团队一道明确目标,取得初期成效。最后,对你和团队需要建立哪种同盟进行探索,赢得执行关键行动计划所需的支持。

吸纳外部人员

当新领导是从机构外部调入时,过渡期管理尤其重要。但是,在帮助来自外部的人变成内部人方面做得很好的组织非常少。结果,有前途的人常常犯不必要的错误,特别是在组织文化和政治方面。

如何避免这样的问题呢?可以从利用 $STARS$ 模型确定最适合外聘人员的工作开始。不要把从组织外部聘用来的新领导置于重新调整的形势中,那样他们一定会遭遇失败(比如,缺乏足够的支持和建议)。教会他们使用组织内部人使用的加速过渡期的语言,这样他们能够轻松谈论像在组织里什么被认为是"成效"这类话题。还要编制一本有关公司文化的简单介绍,可以是一段某位领导者的录像,他们从机构外部调入,成功度过了过渡期,录像要对有效的方法和无效的方法进行介绍。

结语

培养高潜能的领导

确定并且评估组织里高潜能的领导的有效系统必须包括以下两方面。(1)对领导技能进行严格评估,方法包括:定期进行全面的绩效检查,布置短期的负责领导特别小组或特别项目的任务,以及使用领导评估中心,在中心给候选人布置一些模拟的领导场景,然后由领导对候选人的表现进行评估;(2)认真设计培养途径,明确培养中的人为障碍,扩大有潜力的候选人的储备,把那些因为职业或者组织的地址而不被考虑的人包括进来。

说到培养能力,以加速过渡期模型为基础的行政管理人员培养方案,是在组织内部确定和培养高潜能领导者战略的中心组成部分,这个战略更加雄心勃勃。这一方案向一群正在朝新职位过渡的高潜能的领导者介绍过渡期管理模式,了解新领导可能面临的形势并进行案例学习,为自己的过渡期制订计划。在紧张的小组活动中,长期的建议—咨询网络往往会联合在一起。

在公共部门,有许多出色的领导能力培养方案。在我们的研究过程中,我们遇到许多这样的例子。它们共有的一个重要特点是,严格遵守机会均等原则,这不仅从法律上和道德上来讲是必需的,而且也是尽可能扩大寻找高潜能领导者的范围的方法。这些方案的特点还包括:跨职能部门的经历,布置恰当的局部性任务,对各种情况下的绩效定期进行评估,在职培训和学术培训相结合的机会。然而,许多其他系统在评估和培养两方面都没有达到目标,因为它们缺乏描述培养任务的框架,结果就不能把高管培养战略和组织所面临的形势结合起来——这样的结合非常关键。没有这样的框架,就不能对被放在不同职位上的有潜力的个人进行比较。许多确立和培养高潜能领导的系统也缺乏一种方法,对领导者发展所经历的职位顺序进行描述,这样也就不能进行这方面的管理。

通过对人们以及对 ST_ARS 模型界定的他们可能经历过的过渡期各种形势进行观察,这些系统可以得到极大强化。ST_ARS 模型不仅提供了对各种形势进行绩效评估的基础,而且为以图表的形式描绘高潜能领导者在一系列职位上取得的进展提供了基础——在这些职位上,他们对多种形势进行管理来培养自己的能力。让人们为管理不同类型的组织形势作好准备构成了领导能力培养的另一个方面,它对以下两方面起到了补充作用:(1)分析他们职务经历的广度;(2)分析他们在组织各级别的主要发展经历。

加速机构整合

当多个机构或者机构的各部分组合起来的时候,不同的文化、政治态势以及技术的整合对新组织的领导者提出了严峻的挑战。新成立的联邦机构"国土安全部"(Department of Homeland Security)由任务和文化存在巨大差异的多个机构组合而成,这是 50 多年来最大的一次政府机构重组,曾经备受关注。较小规模的例子,我们可以回忆埃米·多诺万曾经面临的挑战,当时她努力把知识、资源和最佳方法集中在一起,在三个文化有着很大差异的服务中心提高绩效。

在上面两个案例以及规模介于两者之间的其他许多例子中,本书介绍的加速过渡期的模式可以被用来帮助促进机构整合。当组织发生冲突的时候,各个不同部分开始用不同的语言发言。文化冲突往往是价值和预期问题,同样也是语言问题。误解造成冲突,这只能破坏整合进程。加速过渡期模式提供了一种所有机构都能使用的语言,这种语言可以帮助避免此类冲突。

结语

向前进

我们写这本书的原因是因为许多有天分的领导者不得不通过辛苦获得的,有时甚至是代价十分高昂的个人经历来了解过渡期。考虑到对于如何有效地加速过渡期已经积累了非常多的智慧,这的确是一种可怕的浪费。经验是我们从错误中(当然也是从成功中)学到的东西。但是当许多领导者本来可以从其他人的经验中受益的时候,他们却不得不重起炉灶。错误不只会带给我们经验教训,它还会给组织和事业造成严重的损失。正因为这样,我们开始收集并综合那些在向政府部门的新职位进行过渡的过程中,成功或失败了的领导者的真知灼见。

政府部门的职位竞争总是十分激烈。空缺职位的减少,公共部门领导者面临的挑战复杂性加大,这使得竞争更加残酷。对那些已经获得或希望获得高级领导职务的人来说,实现自己的抱负要求你对自己的个人发展更加注意,制订成功过渡的计划时更加小心。抱负是必不可少的,但是仅有抱负还不足以使你实现目标;实现目标还需要准备。公共部门的每一级别都对新领导提出了独特的挑战。对那些位居中、高层管理职务或者高级专业职务的人来说,如果他们有志于担任行政管理层的职务,关键的挑战就是作好个人发展计划。

我们都听说过这样的话:"高处不胜寒"。但是那些身居高层的人士通常也曾经在底层或者中层工作过,他们会告诉你那里更寒冷。那些处于机构的较低层或者中层的雄心勃勃的人,他们受组织体制的限制不能了解行政决策的情况。对他们来说,观察组织的高层领导并且准确识别出他们的工作重点和领导行为方式,让他们感到有一种挫败感。在这些情况下,规划自己的发展可能就像是一种猜测,离事实很远。由于你可能面临激烈的竞争,以及一旦你担任某个领导职位就必须很快拿出结果,因此对成功所必须具备的东西进行猜测是错误的自我准备的方法。相反,因为存在不确定性以及高度的变革可能性,所以认真考虑你的发展计划就更为重要了。

本书为这样做提供了切实可行的指导。按照它推荐的方法去做将有助于你作好准备,成为公共部门的领导,并且获得成功。阅读各章节的时候,可能有时候我们提供的信息细节和范围会使你感到应接不暇。你不用为此担心,我们写这本书并不是仅仅让你读一次,你可以在进行职业设计和实现成为领导者的抱负时,将其作为长期的参考。书中提供的案例和指导是基于我们对杰出领导者的研究所给出的,他们在联邦和州政府的各部门服务,非常愿意和你分享他们的经历。我们希望你可以好好利用他们的真知灼见,因为优秀的公共领导才能,能使国家和人民大大受益。

注　释

引言

1. 这一数据是这样获得的：把联邦、州和地方政府部门的管理者的总数，乘以年人事变动率。2004年，这些部门的员工总数是2 950万，其中管理者人数占12%。把这一数字乘以平均人事变动率7.4%，得到每年的管理职位的人事变动人数为25万。

2. R. S. Dumbro and A. Freeman, *Seeing Tomorrow: Reviewing the Rules of Risk* (New York: John Wiley, 1998), 85.

3. 在福特政府期间，阿什进行过这样的演讲，彼得听过对这次演讲的描述，这一评论给他留下了深刻的印象。

4. 参见 M. Watkins, *The First 90 Days: Critical Success Strategies for New Leaders at All Levels* (Boston: Harvard Business School Press, 2003), 2-3.

第一章

1. 这一模型首先在 M. Watkins 的 *The First 90 Days: Critical Success Strategies for New Leaders at All Levels* (Boston: Harvard Business School Press, 2003) 一书的第三章中提出。

第二章

1. 有关组织变革的最初的论述在 N. M. Tichy 所著 *Managing Strategic*

注释

Change：Technical，Political，and Cultural Dynamics（New York：John Wiley，1983）一书的第二章有很好的概括。其他有关变革管理的重要著作包括：R. Backhand 和 R. T. Harris 所著 Organizational Transition：Managing Complex Change（Reading：MA：Addison-Wesley，1997）；C. Argyris 和 D. A. Schon 所著 Organizational Learning：A Theory of Action Perspective（Reading，MA：Addison-Wesley，1997）；M. Beer 所著 Organizational Change and Development：A Systems View（Santa Monica，CA：Goodyear，1980）；R. M. Kanter 所著 The Change Masters（New York：Simon and Schuster，1983）；N. M. Tichy 和 M. A. Devanna 所著 The Transformational Leader（New York：John Wiley，1986）。更近期的著作包括：J. P. Kotter 所著 Leading Change（Boston：Harvard Business School Press，1996）；D. C. Hambrick、D. A. Nadler 和 D. A. Tushman 所著 Navigation Change（Boston：Harvard Business School Press，1998）。

第三章

1. 对反馈环节和系统思维在组织里所起作用的有趣论述，见 P. M. Senge 所著 The Fifth Discipline：The Art and Practice of the Learning Organization（New York：Doubleday，1990）一书的第四章和第五章。

2. 关于妨碍了解情况的因素的有趣讨论，见 C. Argyris 发表在 Harvard Business Review（1991 年 5－6 月刊）上的 "Teaching Smart People How to Learn" 一文。

3. 虽然有关技术、政治和文化框架的论述出现在 Noel Tichy 的许多著作中，但是最综合性的理论论述出现在 Managing Strategic Change：Technical，Political，and Cultural Dynamics（New York：John Wiley，1983）一书中。

4. 在 Organizational Culture and Leadership 一书中，Edgar Schein 制定了一个有用的框架，从三个层次分析文化——这三个层次是人工制品、规范和假设。人工制品指的是使一种文化和另一种文化区分开来的可以看见的符号,比如国旗、国歌、衣着风格等。规范是人们共同遵守的指导"正确行为"的一些规则,比如问候和饮食模式,以及社会等级中不同阶层的人的恰当的行为。假设是更深层次的通常不言明的观点,这些观点充斥着整个社会体制,并对其起支撑作用。Schein 指出,这几个层次代表了"观察者可以看见文化现象的程度……从可以看见的、感觉到的有形的明显的表现,到深层的、无意识的假设……它们构成文化的本质"。参见 E. H. Schein 所著 *Organizational Culture and Leadership* 第二版(San Francisco: Jossey-Bass, 1992)的第 17 页。还可参见 M. T. Trice 和 J. M. Beyer 所著的 *The Cultures of Work Organizations* (Englewood Cliffs, NJ: Prentice-Hall, 1993)一书。

5. 最佳标杆管理流程的综合论述,参见 R. C. Camp 的 *Benchmarking: The Search for Industry Best Practices That Lead to Superior Performance* (Milwaukee, WI: Quality Press, 1989)一书以及 C. E. Bogan 和 M. J. English 的 *Benchmarking for Best Practices: Winning Through Innovative Adaptation* (New York: McGraw-Hill, 1994)一书。

6. Carl Rogers 和 Richard Farson 是这样进行论述的:"我们想象的那种'听'被称为'积极倾听'。之所以称之为'积极',是因为听者有十分明确的责任。他并不是被动地接收别人对他说的话,而是积极地掌握他所听到的内容的事实和里面包含的情感。通过倾听,他帮助说话者解决问题。"参见 Carl Rogers 和 Richard Farson 所著,由 D. A. Kolb 和 J. O. Osland 编辑的 *The Organizational Behavior Reader* (Englewood Cliffs, NJ: Prentice-Hall)一书第五版中的"积极倾听"部分。

7. David Kolb 和 Roger Fry 制定了一种和认知发展阶段相联系的经验型学习模式。他们把学习看成是由四个阶段组成的一个循环:具体经验、反思观察、抽象概念和积极实验。人们需要具备这四方面的能力才能取得最大效果。但是 David Kolb 和 Roger Fry 认为,这些能力在两个层面上面代表了人们的偏好或者风格:具体经验和抽象概念层面以及积极实验和反思观察层面。

注释

第四章

1. 这一有价值的区分是由迈克尔以前在哈佛商学院的同事 Amy Edmondson 提出的。

2. 参见 J. Gabarro, *The Dynamics of Taking Charge* (Boston: Harvard Business School Press, 1987)。

第六章

1. 参见 R. Herfetz, *Leader Without Easy Answers* (Cambridge, MA: Belknap Press, 1994)。

2. 早期关于主要同盟对组织中分配资源和保持控制力的作用的讨论，参见 J. G. March 发表在 *Journal of Politics* 第 24 期(1962)662—678 页上的"The Business Firm as a Political Coalition"一文。最近，John Kotter 在他所著的 *Leading Change* (Boston: Harvard Business School Press, 1996)一书中，集中讨论了同盟建立过程的问题。还可参见 J. Pfeffer 所著 *Managing with Power: Politics and Influence in Organization* (Boston: Harvard Business School Press, 1992)。

3. 参见 G. Egan, *Working the Shadow Side: A Guide to Positive Behind-the-Scenes Management* (San Francisco: Jossey-Bass, 1994)。影子组织通常被称为"非正式组织"。Chester Barnard 首次详细论述了正式组织和非正式组织的区别，他深受 Fritz Roethlisberger 尤其是 Hawthorne 的实验的影响。这些实验研究了非正式关系网络对组织行为的影响〔参见 F. J. Roethlisberger and W. J. Dickson, *Management and the Worker* (Cambridge, MA: Harvard University Press, 1939)〕。Barnard 还引用了 Mary Follett 的话，因为"她对组织动态因素有杰出的见解"〔参见 H. C. Metcalf 和 L. Urwick 编辑的 *Dynamic Administration: The Collected Papers of Mary Parker Follett* (New York: Harper, 1940), 22〕。还

可参见 D. Krackhardt 和 J. R. Hanson 发表在 *Harvard Business Review* 1993 年 8－9 月上的文章 "Informal Networks：The Company Behind the Chart"。

4. 早期针对权力的根源的重要讨论，包括信息、专长和社会影响，参见 J. R. French 和 B. Raven 发表在由 D. Cartweight 和 A. Zander 编辑的 *Group Dynamics：Research and Theory*（New York：Harper & Row，1960）一书中的 "The Bases of Social Power" 一文。还可参见 R. M. Kanter 的 *The Change Master*（New York：Simon and Schuster，1983）一书，书中写道："企业需要有创新精神的管理人员和专业人员，这并不是要求他们迸发出能产生新点子的智慧的火花，而是要求他们有一种技能，使他们能够在工作的正式限制之外，以冒险的、独特的、新颖的方式在组织中和组织周围游刃有余……。组织天才是 10% 的灵感加 90% 的获取——权力的获取——使他们能在正式的工作章程之外行动，并影响他人……。组织权力可以从三种能投入到行动中去的'基本的商品'中获得：信息（数据、技术知识、政治智慧和专长）；资源（资金、材料、空间、人员和时间）；支持（认可、后盾、赞同和合法性）。"对组织中权力的根源的综合论述，参见 Pfeffer 所著 *Managing with Power*。

5. 托尔斯泰在《安娜·卡列尼娜》一书中的开场白是："幸福的家庭都是相似的，不幸的家庭却各有各的不幸。"

6. 本部分内容大量参考了 D. Ciampa 和 M. Watkins 所著 *Right from the Start：Taking Charge in a New Leadership Role*（Boston：Harvard Business School Press，1999）一书第四章的内容。

7. 本部分内容大量参考了 D. Ciampa 和 M. Watkins 所著 *Right from the Start* 第七章的内容。还可参见 D. Ciampa 所著 *Total Quality：A User's Guide for Implementation*（Reading，MA：Addison-Wesley，1991）一书。

8. 有影响力的愿景和核心价值的联系来自于由 David Berlew 撰写的一篇没有公开发表的文章，当时他正管理着"形势管理系统"（Situation Management System），这是一家位于马萨诸塞州普利茅斯的咨询机构。

注释

9. 人们反对变革的原因以及应对它们的方法，参见 P. Lawrence 发表在 *Harvard Business Review* 1969 年 1-2 月上的"How to Deal with Resistance to Change"一文；R. M. Kanter 发表在由 D. A. Kolb, I. R. Rubin 和 J. O. Osland 编辑的 *The Organizational Behavior Reader*（Eaglewood Cliffs, NJ：Prentice-Hall 1991）一书第五版 662-673 页上的"Managing the Human Side of Change"一文；J. P. Kotter 和 L. A. Schlesinger 发表在 *Harvard Business Review* 1979 年 3-4 月上的"Choosing Strategies for Change"一文。

10. 参见 D. Lax 和 J. Sebenius 发表在由 P. Young 编辑的 *Negotiation Analysis*（Ann Arbor：University of Michigan Press, 1991）上的 "Thinking Coalitionally"一文，以及由 R. Zeckhauser, R. Keeney 和 J. Sebenius 编辑的 *Wise Choices：Games, and Negotiations*（Boston：Harvard Business School Press, 1996）一书上的"Sequencing to Build Coalitions：With Whom Should I Talk First?"一文。

第七章

1. 这是著名的麦金斯 7-S 模式的变体。参见 J. Bradach, "Organizational Alignment：The 7-S Model,"注 497045（Boston：Harvard Business School, 1996）。

2. 有关开放系统组织理论的重要讨论，参见 James D. Thompson 所著 *Organizations in Action*（New York：McGraw-Hill, 1967）一书的第一章和第二章。

3. 关于国内税收署的组织变革的更多信息，参见 C. O. Rossotti, *Many Unhappy Returns：One Man's Quest to Turn Around the Most Unpopular Organization in America*（Boston：Harvard Business School Press, 2005）。

第八章

1. 本章大量参考了 Michael 和 Max Bazerman 合著的 *Predictable Surprises: The Disasters You Should See Coming and How to Avoid Them* (Boston: Harvard Business School Press, 2004), 尤其是第五章的内容, Michael 是该章的主要作者。可预见的意外一词是由迈克尔首先提出的, 他于 2000 至 2004 年间在哈佛商学院教授"企业外交"这一课程时, 在材料中使用了该词。

第九章

1. 这个概念最初是作为焦虑模型提出的。参见 R. M. Yerkes 和 J. D. Dodson 发表在 *Journal of Comparative Neurology and Psychology* 1908 年第 18 期 459-482 页上的"The Relation of Strength of Stimulus to Rapidity of Habit Formation"一文。这个模型自然有它的局限, 但作为比喻很有用。

2. 关于在谈判时"走上阳台"的讨论, 参见 W. Ury 所著 *Getting Past No* (New York: Bantam Doubleday, 1993) 一书的第一章。

3. 参见 W. C. Kim 和 R. Mauborgne 发表在 *Harvard Business Review* 1997 年 7-8 月 65-67 页上的"Fairness Process: Managing in the Knowledge Economy"一文。

作者介绍

彼得·H.戴利 有着33年的联邦政府部门的工作经验,他从管理实习生做起,曾经担任了监管人和中层管理人员的职务。在政府部门工作的最后18年,彼得是高级行政主管部(The Senior Executive Service)的成员。他曾任美国两个财政机构的CEO,率领美国代表团到几乎世界所有地区参加金融会议。他曾负责一家14国研究共同体,为多个外国政府担任顾问,和美国金融服务志愿队(The Financial Service Volunteer Corps)一道在俄罗斯和东欧各国服务,还曾经被任命参加一个总统委员会,研究各类反恐问题。他曾自愿担任"祖母的房子"(Grandma's Houses)这一组织的董事长,这是一个位于华盛顿特区的非营利性组织,为受虐待的人、被忽视的人、贫困的人,以及处于危难之中的孩子和老人提供帮助。离开政府部门以后,他担任布兹·艾伦·汉密尔顿(Booz Allen Hamilton)公司的国家安全顾问,在"哈佛信息资源政策项目"(The Harvard Program on Information Resources Policy)的资助下,出版了两部研究著作。彼得拥有维拉诺瓦大学(Villanova University)的经济学学士学位。

迈克尔·沃特金斯是欧洲最著名的商学院欧洲工商管理学院(INSEAD)的教授。他是起源顾问公司(Genesis Advisers,一家领导战略咨询公司)的创始人之一。他独立撰写了《最初的90天——各级新领导成功的关键策略》,与人合著了《从头开始——担任新的领导角色》(Right from the Start: Taking Charge in a New Leadership Role)和《未雨绸缪——可预见的危机及其防范》(Predictable Surprises: The Disasters You Should Have Seen Coming and How to Prevent Them),这是一部2004

作者介绍

年"战略+商业"的畅销书。他还出版了多部有关谈判的著作,并在《哈佛商业评论》(Harvard Business Review)、《斯隆管理评论》(Sloan Management Review)、《领导季刊》(Leadership Quarterly)、《管理人员最新报道》(Executive Update)和《谈判杂志》(Negotiation Journal)等刊物上发表了多篇文章。1991—1996年,他任肯尼迪政府学院(The Kennedy School of Government)教授;1996—2003年,任哈佛商学院(The Harvard Business School)教授。迈克尔在滑铁卢大学(The University of Waterloo)获电子工程学位,在西安大略大学(The University of Western Ontario)攻读法律和商业的硕士课程,在哈佛大学获决策科学的博士学位。

凯特·雷维斯是一位自由案例撰稿人和咨询师。她的客户包括起源顾问公司(她为该公司进行了一系列有关公共部门领导者过渡期的案例研究)、肯尼迪政府学院和东北大学管理学院(North-eastern University's School of Management)。1997—2004年,她是哈佛商学院的高级研究员。在该学院,她与来自所有学术单位的15位成员合作,进行了50多项案例分析,对高级管理人员和组织领导者进行了几百次访谈,她的足迹踏遍了欧洲、亚洲和非洲。从1995年8月到1996年9月,她担任伊顿咨询(Eaton Consulting)公司的执行经理,该公司总部设在波士顿,是一家跨文化培训和咨询公司。她在森林湖大学获公共关系和西班牙语学士学位,在加利福尼亚蒙特雷(Monterey)的蒙特雷国际研究院(Monterey Institute of International Studies)获国际政策研究硕士学位。

译 后 记

本书是哈佛商学院出版社出版的一本管理学著作。它介绍了政府部门的新领导在过渡期可能遇到的挑战,并为他们解决问题、顺利过渡提供了指导。

本书的翻译是多方面通力合作的结果,感谢李特朗先生、张如帆女士和朱静女士在翻译过程中的共同合作。

本书的翻译一定存在一些不妥之处,恳请广大读者不吝指正。

译者

2008 年 12 月 4 日